Salut Variations

Ein grundkursbegleitendes und grundkursergänzendes Lesebuch

von Albert Barrera-Vidal und Ludwig Franke

VERLAG MORITZ DIESTERWEG

6765

Frankfurt am Main · Berlin · München

ISBN 3-425-06765-6

2. Auflage 1975

© 1973 Verlag Moritz Diesterweg, Frankfurt am Main.

Satz und Druck: Georg Appl, Wemding
Bindearbeiten: Münchner Industrie-Buchbinderei, München

Table des matières

Bildnachweis

Amtliches französisches Verkehrsbüro, Frankfurt am Main: Seite 19 oben, 37 rechts. Bavaria-Verlag, Gauting: 9 links, 27, 37 links. dpa-Bildarchiv, Frankfurt am Main: 49 rechts. Ludwig Franke, Wiesbaden: 35. Internationale Verkehrsnachrichten und Bilderdienste, Heiligenhaus: 72. René-Jacques, Paris: 10, 20 oben. Roger-Viollet, Paris: 8, 9 rechts, 13, 15, 20 unten, 33, 39, 46, 53. roe-bild, Frankfurt am Main: 11, 19 unten, 49 links, 71. Süddeutscher Verlag-Bilderdienst, München: 17, 25. Dr. Paul Wolff & Tritschler, Offenburg: 44, 45.

Au cours des dernières années, les conceptions méthodologiques en matière d'enseignement des langues étrangères ont beaucoup évolué et nous pouvons dire que des ouvrages modernes tels que SALUT ne sont pas tout à fait étrangers à cet état de choses. Les conditions d'enseignement du français, langue étrangère, ont également changé un peu partout. Enfin, les besoins des étudiants ne sont plus aujourd'hui les mêmes qu'à l'époque, pourtant pas si lointaine, où SALUT a été conçu. SALUT, méthode moderne d'enseignement du français, se devait plus que tout autre de s'adapter à la nouvelle situation du français, langue étrangère.

Rappelons brièvement que SALUT, Cours de base, n'est pas un livre de lecture, même s'il contient, en appendice, quelques textes destinés à préparer les étudiants à la lecture proprement dite. SALUT Cours de base a essentiellement pour but de faciliter l'acquisition du vocabulaire et des structures du Français Fondamental, 1er degré. Etant donnée la place primordiale occupée par le code oral, SALUT Cours de base comporte avant tout des textes dialogués reproduisant aussi fidèlement que possible les conditions mêmes de la communication orale (importance de la situation, emploi de formes particulières au dialogue et notamment de l'ellipse, habituelle en code oral).

De nombreux usagers de SALUT ont exprimé le désir de disposer de textes de lecture permettant dans de meilleures conditions le passage au code écrit, que l'on trouve par exemple dans SALUT Lectures. De là l'idée de créer SALUT Variations.

SALUT Variations est destiné non aux enseignants, mais aux élèves qui travaillent avec SALUT Cours de base. Il contient un certain nombre de textes qui suivent la progression du Cours de base en ce qui concerne le vocabulaire et les structures. On y trouve donc tout ce qui, sur le plan lexical ou grammatical, a déjà été acquis dans SALUT Cours de base. Bien entendu, les mots ou expressions rendus nécesaires par les nouvelles situations sont expliqués à l'aide du vocabulaire déjà connu des élèves.

En effet, dans la mesure du possible, on a voulu introduire de nouvelles situations afin de faciliter le transfert, opération essentielle dans l'enseignement des langues étrangères. Ces situations élargissent le cadre de SALUT Cours de base en faisant intervenir d'autres aspects de la France et en introduisant le monde si important de la Francophonie. Il est essentiel que nos élèves prennent conscience de l'existence du monde francophone (Belgique, Suisse, Canada, Afrique francophone, etc.) qui dépasse largement les limites de l'hexagone. D'autre part, les textes de SALUT Variations présentent certains aspects du monde actuel sans chercher à l'enjoliver:
– les bidonvilles [leçon 4]
– la persistance des frontières entre les peuples [leçon 7]
– les conditions de vie d'une famille modeste [leçon 8]
– l'apparition et la multiplication des magasins à succursales multiples et le sort des petits commerçants [leçon 11]
– le problème de la guerre [leçon 13]
– les problèmes de la femme au travail [leçon 18]
– la grève des ouvriers [leçon 22]

– les rapports franco-allemands vus à travers une page d'Astérix [leçon 24]
– les hécatombes sur les routes [leçon 29]

Ainsi, les élèves peuvent exercer tout leur esprit critique dès cette phase de l'enseignement.

En outre, on a cru bon d'ajouter de nombreux renseignements d'ordre pratique sur la vie en France (téléphone, transports, etc.). Les auteurs ont apporté le plus grand soin au choix des illustrations. Enfin, la bande dessinée, moyen d'expression moderne, trouve tout naturellement sa place dans SALUT Variations: les exemples choisis ici peuvent servir d'introduction à la bande dessinée d'expression française, une des plus brillantes «para-littératures» de notre temps. En même temps, et de façon plus immédiate, les élèves peuvent les utiliser pour apprendre à décrire ou à raconter.

Quelques petites histoires amusantes utilisant le vocabulaire du livre montrent çà et là que l'humour, en dépit de tout, ne perd jamais ses droits.

Les indications du livre indiquent de façon fort claire à partir de quelle leçon tel ou tel texte peut être lu avec profit par les étudiants. Pour le reste, toute liberté est laissée aux utilisateurs. Puisse SALUT Variations contribuer à rendre encore plus attrayant et intéressant l'apprentissage du français, en l'intégrant davantage dans la libre activité des élèves.

Les auteurs accepteront avec plaisir toute suggestion relative à ce nouveau volume.

Les auteurs

Les îles

Regardez: c'est un monsieur avec une dame. La dame est derrière le monsieur. Elle est devant un arbre. Et l'arbre, où est l'arbre? Il est sur le quai.

Regardez: c'est un monsieur avec une moto. La moto est devant une auto. Et l'auto, où est l'auto? Elle est sous un arbre, sur une île.

Regardez: voilà un fleuve avec une île et un pont. C'est une maison avec un 5 arbre. La maison est sur l'île, le monsieur est devant la maison avec une dame. L'arbre est aussi devant la maison.

Regardez: voilà un autobus, une auto et une moto. L'autobus est sur le pont, l'auto est aussi sur le pont, la moto est sous le pont, sur une île.

Regardez: le bateau est entre l'île et la ville. La ville est à droite, l'île est à 10 gauche, le bateau est au milieu, sur le fleuve. Sur le bateau, il y a des dames et des messieurs. Sur le bateau, il y a aussi des autos et un autobus: c'est un ferry-boat.

Regardez le plan de Paris

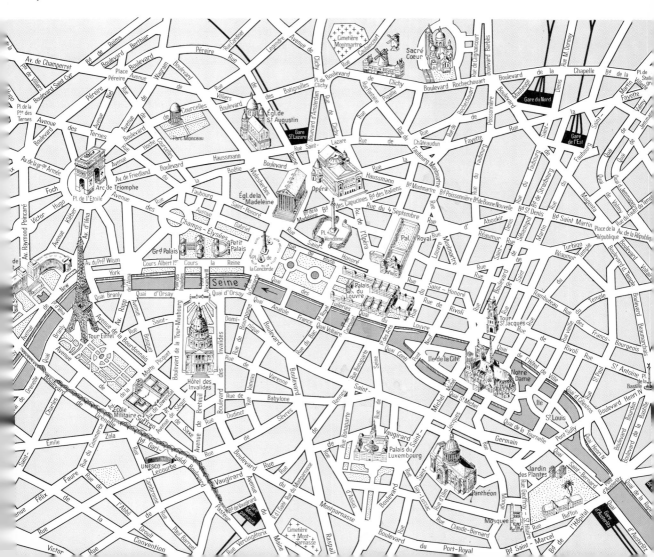

Encore à Paris

– Pardon, Monsieur, où est Notre-Dame ?

– Notre-Dame ? Regardez, sur le plan : Notre-Dame est sur l'Ile de la Cité, au milieu de la Seine.

– Où est le Petit Palais ?

5 – Regardez, il est devant le Grand Palais.

– Où est la gare d'Austerlitz ?

– Regardez la Seine. La gare est à gauche.

– Et à droite ?

– A droite, c'est la gare de Lyon.

Après la leçon 3

A Toulouse

Voilà un dessin. Sur ce dessin, il y a une ville. C'est Toulouse, la ville rose [L 25]. A Toulouse, les gens sont dans la rue, sur les trottoirs, dans les cafés [L 10]. Il y a aussi des autos, mais là, elles ne sont pas sur les trottoirs, sous les arbres. Elles roulent [L 13] au milieu de la rue, sur la chaussée. Voilà une auto. Qu'est-ce 5 qu'il y a dans cette auto ? Dedans, il y a des garçons et des jeunes filles. Les garçons sont devant, les filles sont derrière. Ce ne sont pas des gens de Toulouse.

La maison de M. Delpech est ici, au milieu de la ville, devant les quais de la Garonne, le fleuve de Toulouse. A droite et à gauche, il y a des arbres. Une auto 10 est sur le trottoir : c'est l'auto de Mme Delpech.

Nous sommes chez M. Delpech. Mme Delpech est en haut. Avec elle, il y a encore une dame. Devant elles, sur la table [L 4], il y a des photos des îles Canaries. M. Delpech est en bas, avec les deux garçons. Ils sont bien. M. Delpech est entre les garçons. Luc est à gauche, Guy est à droite. Au milieu des trois [L 4 B], 15 devant M. Delpech, il y a un dessin : c'est le plan de la maison. Dehors, devant la porte, il y a une jeune fille. Elle sonne [L 13] : c'est Mlle Kress.

Toulouse, la ville rose, est au bord de la Garonne.
Regardez les maisons modernes derrière les arbres.

8

Ecoutez le guide

— Bonjour, Mesdames et Messieurs, voilà l'autobus de «Salut, Paris». Prenez
place, s'il vous plaît.
Voilà Notre-Dame, entre les bras de la Seine.
— Oh, c'est beau [L 6], c'est grand [L 6]!
— Oui, vous avez de la chance. Le ciel est sans [L 5] nuages.   5
— Et là-bas, cette maison, c'est un théâtre?
— Mais non, c'est l'Opéra de Paris.
— L'Opéra aussi, c'est beau, c'est grand!
— Regardez cette rue ... c'est la rue Royale.
Et voilà les Champs-Elysées. Là-bas, c'est la place de l'Etoile. Il y a des arbres, 10
des autos, des gens...
— Ah, Paris, c'est beau, c'est grand!
— Vous êtes bien, à Paris?
— Oh, oui, moi, je voudrais être en France!
— Ah, oui? Mais c'est la France des cartes postales. Tenez, regardez là-bas...   15
— Monsieur, ces boîtes, qu'est-ce que c'est?
— Ce sont des maisons.
— Pardon, qu'est-ce que vous dites? Des maisons? Il y a des gens ici?
— Oui, mais ils ne sont pas en vacances. C'est une ville sans plan, sans rues, sans
trottoirs, sans autos, sans arbres, sans oiseaux, et ... sans argent. C'est un 20 *A gauche un tour de ville*
bidonville.   *en autocar, à droite un*
— Mais ce n'est pas beau, Monsieur!   *bidonville. En France*
— Bien sûr, ce n'est pas une image pour les touristes, mais c'est aussi la *aussi, il y a des*
France!   *bidonvilles.*

1. Michel et Jacqueline

Michel est en vacances à Paris, chez M. Dupont. Il ouvre la porte et quitte la maison. Il traverse la ville. Il arrive au théâtre et cherche Jacqueline. Est-ce qu'elle est dedans ou dehors ? Michel marche (tourne) autour du théâtre, mais il ne trouve pas Jacqueline. Tout à coup, une main touche le bras de Michel et une
5 jeune fille dit : «Bonjour, Michel». C'est Jacqueline.

Michel ouvre la porte à Jacqueline et ils entrent dans le théâtre. Michel montre le billet à Jacqueline : les places sont en bas. Jacqueline dit : «On est bien, dans ce théâtre.» On donne une pièce de Giraudoux. Ensuite, ils quittent le théâtre. Ils font encore une promenade et Jacqueline montre la ville à <u>son</u> [L 8] ami.
10 Voilà les quais de la Seine. Les deux amis marchent sous les arbres et regardent les bateaux sur le fleuve. Des gens et des autos traversent le pont.

Jacqueline : «Regarde, qu'est-ce que c'est ?»

Michel : «C'est dans le ciel. C'est peut-être un avion. Ah oui, regarde les feux rouge et vert. Il vole encore au-dessous des nuages.»
15 Ils continuent la promenade. La maison de Jacqueline n'est pas loin. Elle est sur l'île de la Cité (plan de Paris). C'est la maison en face. Ils arrivent devant la porte et Michel quitte Jacqueline : «Au revoir, Jacqueline.» «Au revoir, Michel.» Enfin, il <u>retourne</u> [L 8] à la maison.

L'Opéra de Paris.
A gauche, devant l'Opéra,
il y a le Café de la Paix.

Une rue . . .
Ou est-ce un boulevard?
Des autos et des gens,
un feu rouge au milieu,
avec un agent de police.
Et encore des autos.
Le feu est au rouge,
les arbres sont noirs (L. 6).
Voilà la ville moderne.

2. Au feu rouge

Jean-Marc et Jeanine ont une auto. Ils roulent sur le boulevard Jean Jaurès.
Tout à coup, ils arrivent à un feu rouge. Là, il y a un agent de police. Il lève
[L 15] le bras et donne un coup de sifflet [image L 5].
– Mais Monsieur, le feu est au rouge. Les piétons traversent d'abord la rue.
– Oh, pardon . . . je cherche la gare [L 8]. Où est-ce que c'est ?   5
– Vous quittez la ville ? Vous allez en vacances ?
– Non, non, nous cherchons un ami. La maison de cet ami est près de la gare.
– Allez près du trottoir. Eh bien, regardez, le feu rouge est devant vous. Là,
vous tournez d'abord à droite, vous continuez encore, vous traversez le pont de
la Garonne, puis vous arrivez rue de la gare. C'est là.   10
Il montre la gare sur un plan de la ville.
– Vous êtes ici, et la gare est là. Ce n'est pas très loin. Mais, c'est où, chez votre
[L 8] ami ?
– A côté de la librairie de la gare.
– Ah! Eh bien, vous avez de la chance, la maison est en face. C'est très près.   15
– Vous trouvez ? Ça fait deux ou trois kilomètres !
– Mais pour vous, c'est une promenade, n'est-ce pas ? Surtout avec l'auto! Ce
n'est pas une affaire. Allez! Mais faites attention [L 8]!
– Pardon ? Vous dites ?
– Oui, l'aile de l'auto. Il y a un arbre là !   20
– Ah oui, et il est très près de l'auto. . . Merci, monsieur l'agent!

Après la leçon 6   **Une maison à la campagne**

Nous avons une petite maison à la campagne, près de la frontière suisse. Elle est blanche, avec un toit rouge et une porte brune. Autour de la maison, il y a une prairie. Cette prairie est très grande et, pas loin de là, on trouve une belle forêt. Derrière la forêt, on voit les montagnes suisses avec des taches blanches: c'est
5 la neige. Une petite rivière traverse la prairie, entre la maison et la forêt. Au-dessus de la rivière, il y a un pont, mais nous traversons aussi la rivière dans notre petit bateau vert.

Avec des amis, je fais souvent [L 14] des promenades, au bord de la rivière ou dans la forêt, où il y a des oiseaux intéressants [L 6 B].
10 Je montre aussi la région à mes [L 8] amis allemands. Nous sommes sur une montagne et je dis: «Regardez: là-bas, dans la plaine, vous voyez notre maison, de l'autre côté de la rivière. Et là-bas, au bord du lac, c'est une grande ville suisse. Ah oui, c'est une belle région.»

Après la leçon 7   **1. Une promenade en voiture**

J'habite à Wiesbaden. C'est une ville d'Allemagne de l'Ouest. <u>Aujourd'hui</u> [L 9], il fait beau temps. Il fait presque chaud et nous faisons une promenade en voiture pour montrer notre région à un jeune ami étranger.

D'abord, nous allons au bord du Rhin. Le Rhin est le fleuve le plus long
5 d'Allemagne. Il a une histoire très intéressante, comme la Loire. Il vient de Suisse et va jusqu'à la mer du Nord.

De grands bateaux passent vite devant nous, les uns viennent du sud, les autres du nord.

Deux ponts traversent le Rhin à Wiesbaden. L'un est vieux, l'autre est <u>nouveau</u>
10 [L 11]. Nous quittons la voiture et nous marchons au bord du fleuve. Nous allons au grand pont blanc. Il est très haut, à peu près à vingt <u>mètres</u> [L 13] au-dessus du Rhin. Nous voilà en haut. En bas, au milieu du fleuve, nous voyons une île, avec des prairies, plusieurs maisons et une petite forêt. Un petit bateau arrive, des gens quittent le bateau et font une promenade sur l'île. De l'autre
15 côté du pont, on voit le port de Wiesbaden. De l'autre côté du fleuve, il y a Mayence. Nous aimons cette ville, où il y a une des plus belles <u>cathédrales</u> (image p. 14/15, p. 54) d'Allemagne. Près de Mayence, une rivière se jette (tombe) dans le Rhin: c'est le Main.

Au nord, nous voyons des montagnes. Elles ne sont pas hautes, mais très belles.
20 C'est le Taunus. Le point le plus haut est le Feldberg. Il a presque 900 mètres de haut.

Nous retournons à notre voiture et nous allons au Feldberg. Le temps ici, c'est autre chose que chez nous. Je ne voudrais pas habiter ici, parce qu'il fait plus froid qu'en ville. Nous montons sur la petite <u>tour</u> (image p. 14/15). On voit les mon-
25 tagnes et puis la plaine avec Francfort-sur-le-Main et d'autres villes.

12

2. J' habite en Europe, et vous?

Sur les cartes, on voit des routes. Sur ces routes, il y a des voitures. Les voitures vont vite d'un pays à l'autre. Un jour ou deux en voiture, presque une promenade, et on est de l'autre côté. C'est très bien. Mais chaque pays a son histoire, son drapeau, et entre les pays, il y a encore des frontières. Pourquoi? De ce côté et de l'autre côté, il y a quand même des gens comme vous et moi! Nous 5 traversons les frontières et nous trouvons, à l'est ou à l'ouest, des jeunes et des vieux, des étudiants et des travailleurs [L 15], des villes et des forêts, des rivières et des lacs, des montagnes et des prairies. Au nord, il fait plus froid, et les arbres sont plus verts, au sud, il fait plus chaud et, dans les rues, les filles sont brunes. Chaque région a ses couleurs, et ces couleurs sont belles. Mais dans cette petite 10 Europe, les gens et les pays ne sont pas très différents les uns des autres. On parle plusieurs langues, l'allemand, l'anglais, l'espagnol, le français, l'italien, le tchèque, le polonais, le russe... Mais Français, Allemands ou gens de Tchécoslovaquie, nous aimons les belles choses, la poésie, la campagne, et sur les branches des arbres, on voit les mêmes oiseaux, et le ciel est le même. 15
La France, l'Allemagne ou l'Italie sont des pays avec une vieille histoire, mais aussi les régions d'un pays tout neuf, l'Europe. Nous ne sommes pas des étrangers en Europe: l'Europe, c'est notre pays. L'Europe aussi a son symbole. Notre beau drapeau est bleu avec des étoiles d'or, une étoile pour chaque pays, pour chaque région d'Europe. C'est le drapeau de millions d'hommes et de 20 femmes, de garçons et de filles. Ce n'est pas l'Europe des affaires, l'Europe des touristes, mais l'Europe des amis. Alors, s'il vous plaît, feu vert à l'Europe des amis!

Le pont de l'Europe, à Strasbourg. Sur la photo, la France est à gauche et l'Allemagne à droite.

13

Une lettre [L 18] de mon ami de France

Mon cher ami,

Comment vas-tu ? Et comment vont tes parents ? Nous, nous allons bien.
Justement [L 9], je voudrais parler de ce sujet: notre famille. En France, tout
n'est pas comme dans tes livres. Avec ma famille, j'habite un appartement de
cinq pièces, à Sèvres, près de Paris. Il est très cher, et maman travaille [L 9]
5 aussi, parce que papa ne gagne [L 17] pas assez [L 9] d'argent. Nous avons
besoin de ces pièces, parce que nous sommes trois enfants: deux filles et un
garçon; chaque enfant a besoin d'une chambre. Mes sœurs sont plus jeunes que
moi, et moi, je suis étudiant au lycée [L 15].

CHAMBRE DE NOS PARENTS	CHAMBRE DE PAULETTE	CHAMBRE DE CAROLINE	SALLE A MANGER ET SALLE DE SEJOUR AVEC KITCHENETTE
CHAMBRE DE JEAN-CHARLES	SALLE DE BAIN	VESTIBULE	
		WC	

Je voudrais bien aller en vacances, moi aussi, mais ça ne marche pas. Les
10 voyages sont trop [L 10] chers pour nous. Pendant [L 14] les vacances, je travaille à la poste [L 13] pour acheter [L 9] des livres. Que veux-tu, j'aime trop
[L 10] les bouquins, comme dit mon père.

Chaque matin, mon père quitte la maison à 7 heures; il travaille chez Renault,
à Billancourt, à plusieurs kilomètres de notre maison. Il fait vite, parce qu'il
15 veut être à l'heure. Une demi-heure après, c'est ma mère. Tous les jours de la
semaine, elle est dans une librairie, à Paris. L'après-midi, je retourne à la
maison. Avec Paulette (c'est la plus grande des deux filles), je fais attention à
la petite. Eh oui, mon vieux, nous ne voyons pas nos parents à midi: du matin
au soir, ils sont dehors. Même la petite est sans sa mère, c'est long quand même.
20 Alors, nous écoutons la radio. Le soir, nous parlons aussi de nos affaires, en
famille. Même ma jeune sœur a son mot [L 10] à dire.

Cette semaine, les grands-parents viennent du Midi. Alors, la grande, Paulette,
va dans la chambre de la plus jeune sœur, Caroline: tu vois, nous n'avons pas
assez de chambres...
25 Nous avons une vieille voiture, mais ça ne fait rien; elle marche toujours. Et
puis, une auto neuve, c'est quand même autre chose: notre voiture est un peu
[L 10] de la famille.

J'ai encore une amie, Chantal. Comme moi, elle va au lycée, et elle habite tout
près d'ici. Nous faisons des promenades à la campagne. Avec elle, je fais des
30 achats dans les librairies du Quartier latin. Mes parents aiment bien Chantal.
Un jour par semaine, elle vient à la maison.

Pour le reste, tout va bien. Quel temps est-ce qu'il fait chez vous ? Ici, dans
notre région, il fait beau cette semaine.

Voilà, c'est tout. Un grand bonjour de mes parents.

Ton ami,

Jean-Charles

Les usines Renault,
à Billancourt, sur une île
de la Seine.

1. A la banque

Après la leçon 9

Depuis deux semaines, Klaus est à Paris, chez Jean-Claude, son ami français.
Aujourd'hui, ils vont à la banque parce que Klaus voit qu'il a besoin de changer
de l'argent. La banque n'est pas loin de leur rue, mais les deux amis vont quand
même vite parce qu'il est presque midi et, comme c'est mercredi aujourd'hui, la
banque ferme à midi.   5
C'est une belle journée de juillet. Le ciel est bleu, le soleil brille et il fait très
chaud. Les deux amis traversent le boulevard et deux minutes après, ils arrivent
devant la banque. Ils sont juste à l'heure parce qu'on ferme dans une minute:
un employé est déjà derrière la porte et regarde sa montre. Les deux garçons
entrent vite. Dedans, il fait moins chaud que dehors. Dans la grande salle, il y 10
a seulement un client. Il compte des billets de banque. Plusieurs employés sont
encore en train de travailler. Klaus montre son chèque de voyage et sa carte
d'identité à une belle petite employée. Puis il signe en bas du chèque, à côté de
son autre signature. La demoiselle donne un petit bon à Klaus. Avec ce bon, les
deux amis vont à la caisse. Elle est en face, au fond de la salle. Le vieil employé 15
appelle le numéro de Klaus et donne l'argent à son client. Les deux amis quittent
la banque par une petite porte. Ensuite, ils achètent à peu près dix cartes postales
différentes pour les parents et les amis de Klaus et. Enfin ils retournent à la
maison.

A la banque.
– A combien est le mark
aujourd'hui?

2. Un voyage en Europe

Thierry est un jeune Français. Il habite chez ses parents, à Strasbourg. Leur appartement est en ville, mais ce n'est pas très loin de la frontière. De la fenêtre de sa chambre, au <u>cinquième</u> du <u>H. L. M.</u>, Thierry voit la Forêt Noire, de l'autre côté de la frontière.

5 Ce matin, justement, la journée est belle et il va à Kehl avec sa sœur Sylvie (c'est mercredi[1]). Il a besoin de deux livres de poche allemands pas chers et puis, Thierry et Sylvie ont des amis à Kehl. Il prend sa carte d'identité et des billets et des pièces de monnaie en argent allemand. Comme ça, il n'a pas besoin de changer son argent à la banque. Puis il va chercher sa <u>mobylette</u>. Sylvie aussi a
10 une mobylette, mais d'une autre couleur. Un quart d'heure après, ils sont à la frontière. Le soleil brille dans un ciel sans nuages et tout va bien. Près de la douane française, ils voient des drapeaux: on dit que Strasbourg est la capitale de l'Europe. Justement, le drapeau de l'Europe, avec ses belles étoiles d'or sur fond bleu, est au milieu des autres. Quel beau symbole! Ils traversent le pont
15 entre la France et l'Allemagne. On l'appelle le «pont de l'Europe».

— Tu vois cette ligne au milieu du pont: c'est la frontière! Nous sommes déjà en Allemagne, Sylvie!

— Pas encore, Thierry, voilà le contrôle des passeports. Pour nous, l'Allemagne commence de l'autre côté.

20 Devant le poste de douane, il y a des voitures. Presque <u>toutes</u> viennent d'Alsace et ont le numéro 67. Les policiers français et allemands, <u>au bord de la route</u>, contrôlent les papiers d'identité des touristes. Un douanier est <u>en train d'</u>ouvrir le sac d'une dame et de regarder dedans. Sylvie voit rouge:

— Oh, là là, c'est long! Nous sommes déjà ici depuis un quart d'heure. On arrive
25 en retard chez les amis. Je n'aime pas ça.

— Moi non plus, Sylvie, mais nous avons tout le temps et puis les policiers et les douaniers font leur travail, c'est tout.

— Ah, tu trouves? C'est ça, l'Europe? Ils parlent tous de l'Europe, mais jusqu'ici, par exemple, on a encore besoin de montrer son passeport. Regarde,
30 nos amis allemands et nous, nous avons des timbres différents, nous n'avons pas le même argent . . . Pourquoi, tout ça?

— Mais voyons, nous n'avons pas la même histoire, les Allemands et nous, et puis nous ne parlons pas la même langue, tu vois bien . . .

(1) Depuis 1972, les élèves ont congé le mercredi a la place du jeudi

Astérix chez les Helvètes /
Dargaud Éditeur, 1970

Spirou N° 1823
© Editions Dupuis,
Marcinelle (Belgique)

– Bah, ce n'est pas la même chose, et au fond, les hommes sont tous les mêmes, n'est-ce pas ? Pour moi au moins, les Schmidt ne sont pas des étrangers. Ce sont 35 des amis. Alors, pourquoi ? Seulement parce que nous sommes nés dans un pays et nos amis dans un autre ? Mon pays à moi, c'est l'Europe!

– Que veux-tu ? Faire une révolution ? Cette Europe, c'est au moins un commencement. Notre vieille Europe est à ses débuts, et nous sommes jeunes. Un jour, peut-être... enfin, j'espère... 40

– Tout ça, c'est des phrases. Ça ne veut rien dire.

– Mais Sylvie, nous montrons nos papiers et nous passons de l'autre côté!

– C'est bien possible, mais il y a encore des frontières en Europe, des frontières entre des gens comme toi et moi. Alors pour combien de temps encore ?

Nicole et Dominique

Après la leçon 10

Nicole est employée de banque. Elle travaille toute la journée à la caisse. Aujourd'hui, après son travail, elle a le temps (c'est la fin de la semaine) et elle veut envoyer un paquet à son ami Dominique, qui habite en Allemagne de l'Ouest. Il est soldat [L 12] à Trèves, une petite ville au bord de la Moselle, que les Allemands appellent Trier. Il aime bien être là-bas, parce que la région est très 5 belle. Et puis, il a de la chance : c'est très près de la France, la frontière est à quelques [L 12] kilomètres de Trèves et Dominique parle un peu la langue du pays.

Nicole va d'abord chercher quelques affaires chez son épicier, puis, après ses achats, elle retourne chez elle. La voilà dans son petit appartement, au premier 10 étage. Pour commencer, elle choisit une petite caisse. Elle remplit la caisse avec du chocolat au lait, de la confiture d'oranges, puis une livre de petits gâteaux belges, du café «Soleil d'or» (il est cher, mais c'est le meilleur) et cinq boîtes de

Elle et lui ...
et les autres!

17

bière d'Alsace. Dominique a besoin de livres français, alors elle ajoute encore
15 deux bons romans. Dominique aime tous les sujets, mais il préfère l'histoire: ce
sont des romans d'Alexandre Dumas. Les livres sont au-dessus, le reste des affaires est an-dessous. Au fond, il y a des feuilles de papier. Comme ça, au moins, il
y a un peu de tout dans le paquet. De plus, Nicole a encore une boîte de fruits,
mais elle n'entre plus dans le paquet: il n'y a plus de place. A la fin, elle ferme
20 le paquet, puis elle remplit une feuille blanche avec le nom et l'adresse [L 22] de
son ami Dominique. Voilà. Quel travail! Il n'est pas encore six heures, et elle a
le temps d'aller à la poste [L 13]. Elle va dans sa chambre. Là, elle regarde la
photo de Dominique, sur sa table de nuit. Il est là-bas depuis six mois, et
Nicole trouve le temps bien long, surtout le dimanche... Elle compte les jours:
25 encore six mois. Enfin! On ne peut [L 13] rien y faire. C'est comme ça... Elle
prend le paquet et va à la porte. Devant la maison, sur le trottoir, il y a un
grand garçon brun, une valise à la main. Il appelle Nicole par son nom:
– Bonjour, Nicole, c'est moi. Comment vas-tu?
– Mais, voyons, ce n'est pas possible!
30 – Mais si! Je suis à Paris pour une semaine.
– Ah ça, par exemple, Dominique!
Un moment après, Nicole est dans les bras de Dominique. Au fond, elle préfère
ça.
– Tu vois, ce n'est pas très loin, Nicole: Cinq heures en train, et on arrive à
35 Paris.

Après la leçon 11

1. Dans le métro

Aujourd'hui, pour rentrer à la maison, nos amis ne marchent pas, mais ils
prennent le métro. Voilà une station. Ils descendent l'escalier [L 14, image
p. 123]. L'air n'est pas très bon, mais il fait plus frais que dehors, où il fait très
chaud. Au guichet (image p. 55), ils achètent des billets de deuxième. Jean-Claude
5 prend un carnet: ce sont dix tickets et comme ça, c'est moins cher. Ensuite, les trois
amis regardent un plan du métro: c'est la ville de Paris avec ses lignes de métro.
Chaque ligne a une couleur différente et un numéro. Klaus cherche la station où
ils vont changer de ligne. Ils descendent encore un autre escalier. Voilà un autre
employé. Il poinçonne (petit trou, L 13) leurs billets. Sur le quai, ils attendent
10 deux minutes et la rame arrive. Dans le métro, il y a beaucoup de monde, parce
qu'il est cinq heures: les gens viennent de leur travail et rentrent à la maison. C'est
pourquoi nos amis ne trouvent pas de place. Mais cela ne fait rien: ils sont assez
jeunes. Enfin, ils arrivent à la station où ils vont changer. Entre la porte du wagon et eux, il y a des gens. Jean-Claude dit:«Vous descendez, Madame? Pardon,
15 Monsieur, vous descendez?» et ils arrivent à la porte. Sur le quai, ils cherchent le
mot CORRESPONDANCE (noir sur fond jaune). Ils prennent le couloir où ils
voient ce mot et arrivent sur un autre quai. Ils ont de la chance, parce que
justement, derrière eux, le portillon automatique entre le couloir et le quai se
ferme et la rame entre en gare.
20 A leur station, ils quittent le quai par l'escalier où il y a le mot SORTIE [L23,
sortir L 12].

18

– Moi, j'aime le métro,
et vous?

Le plan du métro.

Une rame arrive au
Châtelet.

*Image d'hier:
une vieille épicerie.*

*Image d'aujourd'hui:
le supermarché.
Et demain?*

2. Au supermarché

A côté de chez nous, il y a un nouveau supermarché. Tout le monde sait ça : les petits magasins ferment les uns après les autres, parce qu'ils n'ont plus assez de clients. Pour eux, les affaires ne marchent plus comme avant et on dit qu'ils vendent trop cher. Depuis hier, l'épicerie du coin [L 13] aussi est fermée et maintenant, l'épicier travaille en dehors de la ville. Pour les petits magasins, 5 c'est le début de la fin, au moins dans notre quartier.

Cet après-midi, ma mère va faire des achats pour toute la semaine, comme la plupart des gens. Moi aussi, je veux voir ce « symbole de notre temps », le supermarché. Je prends un grand filet et maman a son sac à provisions. Au bord de la route, on voit les mots « ENCORE MOINS CHER, SUPERMARCHE 10 ALBERT ». Plusieurs autres gens vont aussi là-bas. Il y a même des voitures, parce que beaucoup viennent de la campagne . Je vois encore : « Notre magasin est ouvert tous les jours jusqu'à 22 heures » et je pense aux employés et à leur travail. A quelle heure rentrent-ils à la maison ?

— Regarde le supermarché ! 15

Je vois d'abord une très grande maison sans fenêtres, avec, autour d'elle, des autos, et encore des autos. Une mer de voitures ! Je prends un chariot et nous entrons dans une grande salle, pleine de lumière [L 12]. Maman veut d'abord aller au rayon « épicerie ». Elle regarde les prix [L 12] et répète tout le temps que c'est moins cher. A droite, et jusqu'au fond de la salle, des bouteilles, rien que 20 des bouteilles : eaux minérales, vin rouge, vin blanc, bière, cognac, champagne. Tout ça brille. A gauche, il y a le lait, les beurres et fromages. Maman prend deux paquets de café, une boîte de thé, du chocolat, deux kilos de sucre, un pot [L 25] de confiture.

— Ah, j'ai encore besoin de farine pour faire un gâteau ! S'il te plaît, tu prends 25 aussi des petits gâteaux pour le thé, ils sont là-bas, derrière les fruits. Ah oui, et encore deux bouteilles de vin du pays !

Pour trouver les œufs, nous allons encore plus loin. Maman regarde bien pour voir s'ils sont frais. Dans le premier paquet, deux œufs sont cassés [L 20], alors nous en prenons un autre. A ce moment nous rencontrons une dame : mais oui, 30 c'est bien elle ! C'est notre vieille épicière. Elle ne dit rien et regarde droit [L 13] devant elle... Elle ne voit personne. Nous allons au rayon des fruits. Les pommes sont dans des sacs de 5 kilos.

— J'ai seulement besoin de deux kilos de pommes, mais elles ne sont pas chères ! 35

Devant nous, des montagnes d'oranges : oranges d'Israël, d'Espagne et du Maroc. Maman choisit les plus belles. Un peu plus loin, on voit les légumes. Nous voulons acheter des pommes de terre, mais il y a trop de monde. Il y a aussi un rayon de librairie. Ce sont des prix de gros ; je regarde avec attention, mais je ne vois pas de livre pour moi. Il y a seulement de mauvais romans. J'achète 40 quand même du papier. C'est tout pour aujourd'hui, le reste est pour demain. Avec d'autres clients, nous sortons [L 12], le chariot tout plein. Nous commençons à en avoir assez de cette grande salle et de tout ce monde. Maman paie à la caisse, puis elle compte encore et ajoute : « Au fond, ce n'est pas beaucoup moins cher que chez notre vieil épicier ! » 45

Le soldat et le paysan

Un jour, des soldats ennemis en armes arrivent dans un village. Ils sont en route pour la capitale du petit pays. Mais tout est vide [L 14], il n'y a personne dans les rues, et les petites boutiques sont fermées. Tout à coup, on entend comme un bruit et une ombre passe. Un des soldats crie: «Il y a quelqu'un ?», puis il
5 tire. C'est un vieux chat gris, qui entre dans un trou.

– Je ne comprends pas, dit l'officier. Dans mon guide, on dit que plus de mille personnes habitent ce village. Il faut trouver quelque chose à manger. Il y a plusieurs semaines que nous sommes en route dans cette région, et nous ne trouvons rien. Mais où sont leurs boeufs, leurs vaches, leurs cochons, leurs
10 chevaux ?

Il regarde ses camarades qui, comme lui, sont noirs et maigres. Ils n'ont presque plus rien de convenable à manger. Plus de provisions. On trouve une auberge, mais les portes sont fermées; alors, ils passent par les fenêtres: rien, là non plus. Il vaut mieux passer la nuit dans une des vieilles maisons que
15 dehors, à la belle étoile. Ils cherchent dans les maisons, mais ils ne trouvent aucun objet intéressant. Même pas un lit où poser la tête. Enfin, ils vont sur la place du marché, devant la mairie. Ils entrent dans l'église qui est en face de l'hôtel de ville (mairie). Il fait froid, et avec quelques chaises, ils allument un grand feu au milieu de l'église. A cause de la saison, il n'y a pas d'eau. Ils
20 ouvrent leurs dernières boîtes de conserves. Un des hommes reste dehors et regarde la nuit. Il garde la route. De là où il est, il a une bonne vue sur la vallée, mais il n'est pas tranquille. Au loin, on entend le bruit de la guerre, des avions passent. Ils volent très bas. A la tour de l'église, les heures sonnent, une à une. Vers minuit, il voit tout à coup une petite lumière dans la nuit. Il entend des
25 pas, tout droit devant lui, à quelques mètres. Quelques minutes plus tard, il voit un homme, avec une lampe de poche. Le soldat arrête l'homme et lui demande:

– Que faites-vous ici, à cette heure ? Vous êtes derrière nos lignes. Vous avez une pièce d'identité ?

– Je n'ai rien pour vous, Monsieur! Je n'ai rien pour vous!
30 – Mais tu portes un sac, n'est-ce pas ? Il y a quelque chose dedans.

– Non, ce n'est rien. Rien du tout!

Le soldat ouvre le vieux sac et trouve un petit morceau de viande.

– C'est donc ça!

Le paysan explique:
35 – S'il vous plaît, ne le prenez pas, c'est pour mon chat. Il est dans ma maison, là-bas, au bout de la place. Il est très vieux et il ne peut presque pas marcher. Comme tous les chats, il aime rester dans sa maison...

– Ah! Bien, il faut appeler le lieutenant.

Ils attachent le paysan à un arbre. Un dialogue commence entre l'officier et le
40 paysan:

– Où sont les autres ? Vos voisins ?

Du bras, le vieux montre la direction de la montagne, de l'autre côté du pont.

– Ah, je vois, ils sont sans doute dans les forêts. Mais pourquoi quittez-vous vos villages ? Dans les forêts, il n'y a rien à manger, et puis il fait froid.

Image de la guerre d'Espagne: l'armée de la République.

Le vieux continue à répondre d'un air tranquille : 45
— Nous sommes une dizaine de personnes, des vieux seulement. Les jeunes sont loin. La plupart défendent leur pays.
— Ça alors, qu'est-ce que vous espérez ? Mais vous n'avez presque plus d'armée ! Nos soldats sont dans votre pays, à quelques kilomètres de votre capitale. Ça tourne mal pour vous. Nous sommes les plus forts. Vous ne pouvez rien faire 50 contre nos armes. Qu'est-ce que vous en pensez ?
— Peut-être, mais écoutez : Je ne suis qu'un vieil homme tout simple, mais j'ai mon petit point de vue sur la question. Il y a longtemps que vous êtes loin de chez vous, de vos familles.
— C'est le prix de la guerre. 55
— Oui, sans doute. Mais retournez chez vous, et allez travailler, cela vaut mieux pour tout le monde. Vos femmes et vos enfants vous attendent là-bas. Nous autres, nous n'aimons pas la guerre, et nous préférons être libres, sans contrôle. Vous pouvez continuer et changer notre pays en cimetière, si vous le voulez. Ce n'est pas bien difficile. Pour vos armées, c'est une simple promenade. Mais 60 quelle tache sur votre beau drapeau !
— Le pays est déjà à nous . . .
— . . . mais nous, nous ne sommes à personne !
— Vous êtes un ennemi, et il faut . . .
— Non, je suis votre prochain. Je suis né libre. 65
— Libre . . . mais vous ne pouvez rien faire, attaché comme vous êtes !
— Tous les hommes sont frères !
Derrière lui, l'officier entend un de ses soldats qui répète :
— Tous les hommes sont frères, tous les hommes sont nés libres . . .
L'officier préfère ne pas parler de ce sujet et dit tout à coup : 70
— Laissez-le . . . son chat l'attend.
Et le petit vieux le regarde, puis s'en va dans la nuit, sans un mot.
. . . .
Alors, on voit le mot «FIN», en lettres blanches, et la lumière s'allume dans la salle. Un jeune homme dit : «Ces choses arrivent seulement au cinéma.» 75

Au bureau de poste

Alice habite à la Bugellerie, une grande et belle maison, pas très loin de Bruxelles.
Elle écrit beaucoup, et c'est pourquoi elle a souvent besoin de timbres. Ce matin,
justement, elle va au bureau de poste. Avant de sortir de chez elle, elle entend
son père qui l'appelle. Il lui demande d'envoyer cinq cents francs (belges) à une
5 librairie de Liège. Il lui donne un billet de banque.

— Ah oui, est-ce que tu peux acheter des œufs frais chez l'épicier ? C'est sur ton
chemin.

Elle roule pendant une demi-heure. Voilà tout à coup la poste : c'est une grande
maison en briques. Alice laisse Zazie (c'est sa voiture) devant la poste, sur
10 l'avenue, à côté d'une deux chevaux grise.

A gauche de la grande porte de la poste, on voit des boîtes aux lettres [L 18].
L'une est pour les lettres à destination de (pour) la Belgique, l'autre pour
l'étranger. Sur la porte, on peut voir : «ouvert au public tous les jours sauf [L 15]
le dimanche, de 8 h. à 12 h. et de 13 h. à 18 h.» Alice ouvre la porte et entre. Il y
15 a plusieurs guichets. Sur le premier, elle voit «Timbres au détail». C'est là qu'elle
va d'abord.

— Bonjour, Mademoiselle Beausire. Qu'est-ce qui vous amène ? Qu'est-ce que je
peux faire pour vous ?

— Ah, Monsieur Mismaquaire, comment, je vous retrouve ici ? Vous ne travaillez
20 plus pour la maison Dupuis ?

— Si, mais je ne travaille pas tout le temps pour eux. Cette semaine, je remplace
un employé, vous savez bien, Monsieur Gaston !

— Ah, c'est comme ça ? Très bien. Pardon, vous avez de beaux timbres en ce
moment ? C'est pour un ami.

25 — Oui, vous avez de la chance, nous avons quelques timbres spéciaux. A la poste
centrale, ils en ont de nouveaux. Là-bas, vous pouvez mieux choisir, bien sûr . . .
Mais combien en voulez-vous ?

— Ah, ceux-là avec la clef; ils sont très beaux, surtout à cause des couleurs.
Donnez-m'en dix à cinq francs. C'est assez pour l'étranger ?

30 — Oui, si c'est pour une lettre à destination d'un pays d'Europe de l'Ouest.
Autrement, il faut plus de cinq francs.

— Eh bien, entre parenthèses, je trouve que vous êtes bien chers, à la poste. Et
pour les cartes postales ?

— Là, Mademoiselle, il vous faut un timbre à 3 Frs 50, si vous écrivez plus de
35 cinq mots.

— Ah, c'est amusant, rien que cinq mots ! C'est que j'écris plus que ça, moi.
Donnez-moi plutôt dix timbres à 3 Frs et ajoutez encore 10 timbres à 50 cen-
times. Oui, de ceux-là, avec le coq de Wallonie (Sud de la Belgique). A propos,
est-ce que vous pouvez me tamponner cette lettre ? C'est très gentil.

40 — Ah, mais Mademoiselle, il faut mettre le numéro du code postal de Toulouse.

— Excusez-moi, c'est le 31 300. Il faut mettre un F devant. Voilà : F-31 300.
Mais j'ai encore un paquet.

— C'est au guichet à côté.

Ciel, quelle affaire ! Elle comprend alors pourquoi il y a un long banc à la poste.

Elle doit attendre un bon moment : il y a d'autres clients avant elle. Enfin, c'est 45
à elle.

— Madame, je voudrais envoyer ce paquet recommandé.

— C'est pour l'étranger et il pèse plus de 500 grammes. Alors vous devez remplir
cette feuille, s'il vous plaît. C'est la déclaration pour la douane. Qu'est-ce qu'il
y a dedans ? De la marchandise ? 50

— Non, c'est un simple objet sans valeur commerciale.

— Bien, vous signez ici.

— Ah oui, ma signature ! Mais attendez ! Est-ce que je peux l'envoyer exprès ?
Ça va plus vite, je pense.

— Bien sûr, Mademoiselle. Mais alors, vous devez payer un supplément. 55

— Cela ne fait rien.

— Excusez-moi, vous avez la monnaie ?

Alice cherche dans une poche de son sac :

— Bien sûr, attendez. Voilà. Et pour les mandats, c'est où, s'il vous plaît ?

— Ah, Mademoiselle, pour les mandats et les chèques postaux, c'est à l'autre 60
bout [L 22] de la maison. Vous traversez la cour, puis vous montez le petit
escalier. C'est au premier étage. Mais je peux vous donner un formulaire. Vous
pouvez le remplir, pendant ce temps.

— Merci beaucoup.

— Il n'y a pas de quoi, Mademoiselle. 65

«C'est toujours la même histoire à la poste», pense Alice. Et elle part, parce
qu'elle est en retard pour faire ses courses.

Promenade à Orly

On peut être affirmatif sur au moins un point : aujourd'hui, beaucoup de gens aiment prendre l'avion. Cela coûte plus cher que le train, mais cela va beaucoup plus vite, même si d'habitude l'aéroport est en dehors de la ville. A Paris, il y a deux aéroports, Orly et le Bourget. Le dimanche après-midi, Pascal va souvent à
5 Orly, pour voir les avions. Aujourd'hui, il se rend à Orly en autobus, avec sa petite amie Josiane. Tout d'abord, ils quittent la capitale à la gare des Invalides, parce que c'est plus central. A la sortie [sortir, L 12] de Paris, l'autobus prend l'autoroute du Sud. Cela dure à peu près une demi-heure. Voilà enfin Orly qui, comme le Bourget s'appelle aussi l'aéroport de Paris. Il y a justement un arrêt
10 d'autobus devant l'aérogare. Nos amis entrent du côté des départs [partir, L 14], qui se trouve à droite. De l'autre côté, des gens vont attendre des amis ou des parents qui arrivent ; c'est le côté des arrivées [arriver, L 5].

   — Un aéroport comme celui-là, ça coûte des milliards de francs, dit Pascal.

   — Oui, mais c'est à la France, c'est à l'Etat.
15 — Bien sûr, parce que c'est le fruit du travail des Français.

   — Donc, c'est à nous, n'est-ce pas ?

Pascal ne répond pas.

Au moment où ils arrivent devant une des grandes portes en verre [L 16], celle-ci s'ouvre toute seule, automatiquement. Nos amis continuent. Un peu
20 plus loin, un escalier, automatique lui aussi, les attend. Tout est neuf, ou au moins en très bon état. Pascal et Josiane regardent la grande salle d'entrée. A l'attention du public, des lumières, sur des tableaux, montrent si les avions sont à l'heure ou s'ils ont du retard. Ailleurs, et en plusieurs langues, on voit des instructions pour les touristes. C'est là que les grandes lignes et com-
25 pagnies aériennes ont leurs bureaux : Sabena, la compagnie belge, Swissair, qui est suisse, la compagnie allemande Lufthansa, la compagnie autrichienne AUA, sans compter Luxair, etc... Ajoutons encore les compagnies françaises Air France, Air Inter et UTA. Air France s'occupe des voyages à l'étranger, Air Inter se réserve [L 27] les vols intérieurs [L 25] ; si on va en Afrique, c'est à
30 l'UTA qu'on a affaire d'habitude. Devant Pascal et Josiane, comme dans une image de publicité, les hôtesses de l'air passent, dans leurs beaux uniformes.

   — C'est amusant, hein, dit Pascal, elles sont presque toujours blondes et minces. En plus, elles s'habillent tout le temps en bleu.

   — Mais pas du tout, c'est faux. Regarde les autres là-bas. Tu vois bien que tu te
35 trompes. Il y en a des brunes, et elles portent d'autres couleurs : elles sont en rouge, en jaune, en gris ...

   — Elles n'ont sans doute pas besoin de s'occuper du ménage, elles.

   — Qu'est-ce que tu en sais ? Elles doivent parler plusieurs langues et être toujours gentilles.
40 — A l'aéroport, il y a encore d'autres employés.

C'est vrai : si on ne veut pas porter ses valises, quand elle sont trop lourdes, on peut appeler un porteur, comme dans les grandes gares. Il y a aussi des chariots. Tout à coup, nos amis entendent une voix de femme qui appelle les voyageurs [L 27] pour Madrid. Ils écoutent avec attention : «Messieurs les voyageurs à
45 destination de Madrid sont priés de se rendre à la sortie numéro 24.»

A Orly. A droite, la tour de contrôle, à gauche, les appareils des compagnies internationales.

Ils montent sur la terrasse et se mettent dans un coin. De là, on a une très belle vue sur l'aéroport. Il y a quelques usines au loin, mais autour d'eux, c'est déjà la campagne. Pascal se rappelle qu'Orly est le nom d'un petit village près de Paris. Des gens prennent des photos. La terrasse donne sur les pistes. De là, comme de grands oiseaux, les avions partent vers le ciel. A droite, on peut voir 50 la grande tour de contrôle. Aujourd'hui, le ciel est bas et les nuages sont épais, à cause du mauvais temps.

Voilà justement une super-Caravelle qui arrive, tous feux allumés, au milieu d'un grand bruit. Un moment, le soleil traverse les nuages et l'appareil brille tout à coup dans le ciel.   55

– C'est un bel avion! dit Josiane.

– Mais il est plus petit que le Concorde.

– Bien sûr, le Concorde, c'est la classe au-dessus, mais il a besoin de pistes plus longues.

L'appareil fait d'abord quelques tours [L 25] au-dessus du terrain, puis il se met 60 dans la bonne direction et commence à descendre. Ça y est. Il s'arrête un moment au bout [L 22] de la piste. Il y a d'ailleurs comme un croisement là-bas. Un autre avion passe d'abord. Une petite voiture rouge arrive. Elle montre le chemin au pilote de l'avion. L'avion tourne d'abord sur place, puis il va tout droit, derrière la voiture. Un homme descend de la voiture, il lève les bras et 65 l'avion s'arrête. Les moteurs [L 19] s'éteignent tout à fait. Les voyageurs commencent à descendre, un à un, par un petit escalier. Une hôtesse de l'air les attend et leur montre un autobus d'Air France.

– Ils vont du côté des arrivées internationales.

70   — Oui, ils doivent encore passer le contrôle de la douane française.

— Déjà, un autre appareil commence à rouler sur la piste.

— Oui, on est déjà à l'étroit à Orly!

Nos amis vont souvent à Orly, le dimanche. Comme la plupart des gens, ils ne peuvent pas prendre l'avion, parce qu'ils n'ont pas assez d'argent, mais ils 75 aiment quand même penser à ces voyages, à tous ces pays étrangers. C'est si loin, l'Afrique, l'Amérique, l'Océanie, l'Asie!

— Ah, monter à bord d'un de ces grands avions!

C'est comme ça qu'ils emploient leur temps libre. Ils descendent de la terrasse, par un autre escalier, et ils marchent pendant des mètres et des mètres. Ils 80 voient beaucoup de boutiques et de petits magasins. Les voyageurs peuvent y faire leurs achats.

— Ils ont bien de la chance. Ils n'ont même pas besoin de changer leur argent, parce qu'on prend toutes les monnaies, même les dollars!

— C'est là qu'on se rend compte que ce sont toujours les mêmes qui font tout le 85 temps des voyages.

— C'est pour leurs affaires!

— Pas toujours, tu sais [L 16] . . .

Il y a même des banques pour ceux qui n'ont pas d'argent sur eux. Avec un chèque, on peut tout acheter. Il y a encore des douches, des lavabos, des cafés et 90 des restaurants, une église, et encore une salle de cinéma où on peut voir les dernières actualités et le film à la mode [L 27]. Nos amis choisissent des cartes postales en couleur pour leurs amis.

Ça y est, c'est fini: ils ne peuvent pas rester plus longtemps, parce qu'il est déjà tard. Ils s'en vont et ils retrouvent leur bus pour Paris. Ils achètent leur billet 95 de retour.

— Regarde l'autoroute qui passe au-dessous de l'aéroport.

— Oui, on apprend beaucoup de choses à l'aéroport.

A la gare des Invalides, ils prennent le métro. De là, ils n'ont plus le même chemin. Chacun s'en va de son côté.

100   — A dimanche prochain!

Pascal retourne à bicyclette dans son petit appartement, au nord de Paris. Il se prépare pour le lycée, puis il passe la soirée en famille. Vers 10 heures, il se couche. Mais longtemps il pense encore à tous ces voyages.

— Voir Orly, c'est un peu comme une récréation pour ceux qui ne peuvent pas 105 prendre l'avion ou qui ne sont pas en vacances. Il est vrai qu'avec mon argent de poche . . .

Enfin, il éteint la lumière et dort, tranquille.

Le soleil, le chat et l'escargot

Regardez et racontez

L'escargot (première image) vient réveiller son ami le chat, qui dort encore.
Ils vont vite et le chat n'a même pas le temps de prendre sa douche.
Ils veulent voir le soleil se lever.

Le soleil se lève pour tout le monde.

Tintin N° 12, 1973, © Editions du Lombard

1. Trouvé dans

Midi Libre

HÉRAULT 12

Grand quotidien d'information du Midi

Pour vos prochaines vacances, quittez la ville et son bruit. Allez au beau milieu de la France, choisissez le Massif Central. Aux plaisirs [L 17] de l'eau, ajoutez ceux de la montagne. Vous pouvez faire du bateau ou des promenades à cheval. Nos forêts, nos lacs et nos rivières vous attendent.

Hôtel-restaurant du Cheval blanc, Chapeauroux
Chambres tout confort, chauffage central, eau chaude
et froide à tous les étages, prix spéciaux en dehors de
la saison
Nouvelle direction: M. et Mme Bernadac

---

2. Une lettre [L 18] à un hôtel

Grand Hôtel Central et des Alpes
Annecy

Messieurs,

Cette année, je voudrais passer les deux premières semaines du mois d'août
5 dans votre ville et je cherche un bon hôtel tranquille. C'est par des amis, vieux clients de votre maison, que j'ai votre adresse.

Je vous écris pour vous demander de bien vouloir me réserver [L 27] une chambre à grand lit avec douche pour deux personnes. Si ce n'est pas possible autrement, nous pouvons aussi prendre une chambre avec salle de bains. Nous préférons
10 une chambre qui donne sur le lac (ou encore avec vue sur la montagne) au troisième ou au quatrième étage. D'habitude nous ne prenons que le petit déjeuner à l'hôtel, mais je voudrais savoir si on peut prendre ses repas chez vous.

Nous venons en voiture et c'est pourquoi je voudrais pouvoir la laisser près de l'hôtel. Je vous prie de me dire si c'est possible.
15 J'ai besoin de savoir le plus tôt possible si vous avez encore une chambre libre pour la période qui m'intéresse. En cas de réponse [L 22] affirmative, je vous prie d'ajouter vos prix. j'espère qu'ils sont toujours convenables. Je pense arriver à Annecy le 31 juillet en début de soirée, si tout va bien.

Encore une question: votre hôtel prend-il les chèques de voyage ?
20 Je vous prie d'agréer, Messieurs, l'expression de mes sentiments distingués.

ROYAL HOTEL ★ ★ ★

Rue Maguelone, MONTPELLIER
Tél. 92.13.36

NOM : ....
Name in capital letters - Name (Ecrire en lettres majuscules)

Nom de jeune fille : ....
Maiden name - Mädchenname

Prénoms : ....
Christian names - Vorname

Date et lieu de naissance : ....
Date and place of birth - Geburtsdatum

....

Département (ou Pays pour l'étranger) ....
Country - Land

Profession : ....
Occupation - Beruf

Domicile habituel : ....
Home address - Wohnort

....

Nationalité :
Nationality
Nationalität

Voir au dos S. V. P.

Nombre d'enfants de moins de 15 ans accompagnant le chef de famille :
Number of children undar 15 whitf the head of the family

PIÈCES D'IDENTITÉ PRODUITES

Nature : ....

POUR LES ÉTRANGERS SEULEMENT
(for aliens only)
CARTE D'IDENTITÉ OU PASSEPORT
Certificate of identity or passport
(Cross out word not available)
(Ausweis oder passport)

N°..................délivré le..........................
N   issued on — ausgestellt den

à.. par............
at — in   by — von

Date d'entrée en France : ....
Date of entry into France - Datun der ankunft in Frankreich

Montpellier, le ....

Signature :
Unterschrift :

---

3. A un ami qui habite très loin

Montpellier, le 17 juin 19. .

Mon cher Paul,

Aujourd'hui, je t'envoie une photo de ma chambre. Tu vois, elle est un peu petite, mais j'en suis quand même très contente et je m'y sens bien. Depuis que je suis étudiante, j'ai cette petite chambre à moi. Ma chambre, c'est un peu 5 comme une île. Ce n'est pas si mal que ça, n'est-ce pas ? Quand mes amis viennent me voir, tout le monde s'assied sur le lit et prend un verre. J'ai un grand lit qui me vient de mes grands-parents. Malheureusement, il prend beaucoup de place.
Près de la fenêtre, à droite, il y a un lavabo, avec l'eau froide et l'eau chaude. 10 A gauche, j'ai encore un gros poêle. Les W. C. sont dans l'escalier. D'ailleurs, on dit que beaucoup d'appartements en France n'ont même pas l'eau courante [L 30], mais je ne sais pas si c'est vrai. J'ai encore une table (tu la vois sur la photo), toujours pleine de livres. C'est là que je travaille d'habitude. C'est là aussi que je prends quelquefois du thé, que je prépare toute seule. 15
Ma chambre a deux fenêtres. L'une donne sur le boulevard où, sans arrêt, passent des voitures. C'est la route de Béziers. De plus, il y a encore un arrêt

d'autobus et un cinéma devant la maison. Tout ça fait beaucoup de bruit, surtout [L 19] pendant la journée et en fin de semaine. Souvent, je ne peux pas
20 dormir, à cause du bruit qui vient de dehors. Sans doute, il y a des quartiers plus tranquilles, mais les appartements y sont plus chers, même s'ils ne sont pas mieux. L'autre fenêtre, plus petite, a vue sur une cour pleine d'ombre. Tu vois ça d'ici. Il y a quelque chose de terrible : quelquefois, je ne peux pas ouvrir les fenêtres, parce qu'au-dessous, il y a un marchand de poisson. Alors, quand il
25 fait chaud, ça sent mauvais ! . . . Mais, c'est tout près de l'université [L 28].

Mes parents habitent un étage au-dessous. Je mange avec eux, quand je ne vais pas prendre mes repas au restaurant universitaire. Je peux aussi me servir de leur salle de bains quand je veux prendre une douche.

Alors, si un jour tu viens en vacances à Montpellier, c'est simple . . . Enfin, je
30 veux dire que tu peux habiter chez mes parents. Ils savent déjà qui tu es : je leur parle si souvent de toi !

De ma grande fenêtre, je vois un morceau de ciel. A Paris, il est souvent gris, mais ici, dans le Midi, nous avons de la chance : le soleil, qui est un peu notre ami, brille presque toujours. Et puis, quand je n'en peux plus, quand j'en ai assez
35 de travailler, quand j'en ai ras le bol, comme on dit, je vais à Palavas, au bord de la mer, qui chez nous, est toujours bleue.

Sur la photo, tu vois aussi un petit chat blanc assis sur la table, à côté de mon réveil. C'est Mouna. Il est à moi et je m'occupe beaucoup de lui. Quand je ne suis pas là, c'est maman qui le garde. Le chat est aussi très heureux avec elle,
40 parce que maman aime beaucoup les animaux. D'ailleurs, c'est simple, chacun de mes parents a un chien ! De temps en temps, je lui donne du mou, mais le pauvre préfère la viande fraîche (sans le gras, bien sûr !). A part cela, il n'est pas bien difficile et il ne salit jamais rien. Ce qu'il fait d'habitude ? Il se roule dans ma couverture et mord les draps du lit !
45 Oh, excuse la tache sur ce papier : c'est le petit chat avec sa queue . . . Mais il est si gentil ! Il me donne même sa petite patte, comme pour s'excuser. Bon, maintenant, il est en train de se laver avec sa langue. Mais je m'arrête de parler de mon chat : je ne veux pas te faire perdre ton temps.

Pour parler de choses plus sérieuses [L 17], ce soir, je vais au théâtre avec des
50 amis. C'est une soirée réservée [L 27] aux étudiants et élèves des grandes classes des lycées. On y montre une nouvelle pièce sur la Révolution française et le début des guerres de Napoléon. Mais avant, je dois faire encore le ménage et mettre un peu d'ordre dans mes affaires. Ce n'est pas mon fort, mais je n'aime pas non plus le laisser-aller. A propos, pourrais-tu m'aider à trouver le dernier
55 roman de Böll ? J'en ai besoin pour mon cours d'allemand. Merci d'avance !

Je pense beaucoup à toi, Paul. Alors, rendez-vous à Montpellier, pour les grandes vacances, d'accord [L 17] ? Je compte sur toi et je t'attends.

Ton amie,
Renée

60
P.S. Juste au moment où je finis ta lettre, on sonne. Il est grand temps : ce sont mes amis qui viennent me chercher. Comme ça je peux mettre ta lettre [L 18] à la poste !

Comment aller à Versailles?

– Allô, allô ? C'est bien la gare de Bruxelles-Midi ?

. . .

– Bonsoir, Monsieur; excusez-moi de vous appeler à cette heure. Je sais bien qu'il est déjà tard.

. . .

– Je voudrais d'abord savoir à quelle heure j'ai un train pour Paris.

. . .

– Non, pas pour ce soir. Je ne veux pas prendre le train de nuit. C'est pour 5 demain lundi.

. . .

– Ah, le matin ou le soir ? Oh, excusez-moi, mais je vous entends très mal. C'est sans doute la ligne, ou l'appareil qui ne marche pas bien. C'est un peu fort quand même !

. . .

– Mais oui, Monsieur, comme vous, je pense que ça arrive un peu trop souvent 10 ces temps-ci. On se demande ce qu'ils font de tout l'argent que nous payons pour la poste. Ah, pauvre Belgique ! Nous sommes dans de beaux draps. Ah, je le répète, on peut dire que nous sommes frais !

. . .

– Oui, vous avez raison, mon cher Monsieur. Tout à fait. A l'étranger, ce n'est pas mieux, c'est quand même curieux! Tenez, moi qui vous parle, eh bien, dans 15 ma branche, je crois pouvoir dire que mes amis étrangers disent la même chose à ce sujet.

. . .

A Versailles,
le roi-soleil . . .

33

— Ah, là, oui, c'est terrible, mais est-ce que nous sommes condamnés à continuer toujours ainsi ? Je vous le demande un peu.

. . .

20 — N'est-ce pas ? Je vois que vous pensez comme moi. Le contrôle ? Le contrôle ne sert à rien avec des gens de la sorte ! Un tribunal, voilà ce qu'il faut ! C'est qu'il n'y a plus de religion, Monsieur ! Ah, de mon temps. . .! Enfin ! C'est mon point de vue.

. . .

— Ah, les vrais coupables ! Si seulement le gouvernement ou les gens qui sont à 25 la tête de l'Etat ou qui ont la direction des affaires . . .

. . .

— Moi, je déclare qu'il faut faire quelque chose contre ça. Trop, c'est trop. Il faut essayer au moins de faire changer les choses. Mais chacun tire de son côté. Vous vous rendez compte ?

. . .

— Ah, non ; le roi ne peut rien y faire, lui ! Mais revenons à nos moutons. Oui, 30 je veux partir demain matin. Tiens, maintenant, ça va mieux. Je vous entends cinq sur cinq.

. . .

— Attendez, je note [L 29]. Mon stylo, où est mon stylo ? Ah, le voilà. J'y suis. Vous dites que le premier train est à 7 heures. Mais c'est de trop bonne heure pour moi. Est-ce qu'il n'y a pas un autre train un peu plus tard ?

. . .

35 — Ah, oui ! Bon, et à quelle heure est-ce que j'arrive à Paris-Est ?

. . .

— Pardon ? Ah, oui, d'accord. Ainsi, il va à la gare du Nord. Bien sûr, c'est vrai, excusez-moi.

. . .

— Donc, il arrive à Paris-Nord à midi. C'est une peu long, vous ne trouvez pas ? N'y a-t-il pas des trains plus rapides [L 22] ? Ça dure trop longtemps.

. . .

40 — Mais alors, je dois sans doute payer un supplément ?

. . .

— Je voyage toujours en seconde, moi. Autrement, je voudrais bien . . .

. . .

— Ah, je comprends. Dans les TEE, il n'y a que des places de première classe.

. . .

— Oui, d'ailleurs, je trouve que c'est très cher. Trop cher, même. Tous les prix montent en ce moment.

. . .

45 — Vous, vous êtes dans le bain, vous comprenez ? Vous connaissez les heures de tous les trains. Ah, encore une chose : et pour Versailles, est-ce qu'il faut changer de train ?

. . .

— Ah, bon, à la gare Saint-Lazare, par exemple.

. . .

– Eh bien, je suis très heureux d'avoir affaire à un employé aussi gentil. Vos chefs doivent être contents de vous. 50

. . .

– Comment, non ? Je ne comprends pas. Pouvez-vous m'expliquer ça ? Ce n'est quand même pas juste !

. . .

– De plus, c'est aujourd'hui dimanche et vous êtes encore debout à cette heure. Vous devez travailler pendant que les autres sont chez eux, en famille . . . C'est dur. 55

. . .

Oui, vous remplissez votre devoir ! Sans doute, mais avec ce que vous gagnez, il vaut mieux . . .

. . .

– Mais si, mais si. J'ajoute même que vous m'aidez beaucoup, Monsieur. Merci beaucoup. Et puis, vous voyez bien que j'aime discuter, pour tuer le temps. Je suis très seul. 60

. . .

– Au revoir, Monsieur, et encore merci. Et bonne nuit ! (à part) Zut ! Je ne sais pas à quelle heure part le train pour Versailles !

Pour rire un peu

Un vieux paysan va à la gare de son village. Il demande au chef de gare :

– Pardon, Monsieur, à quelle heure part le prochain train pour Bordeaux ?

– A dix heures et demie. Vous devez encore attendre 5 plus d'une heure.

– Oh, je ne prends pas le train, Monsieur !

– Vous attendez quelqu'un, sans doute ?

– Non, Monsieur, c'est à cause de mes vaches.

– Je ne comprends pas . . . 10

– Nous avons tout le temps de traverser !

Les vacances commencent à la gare.

MAX l'explorateur

BARA

Max est contre la guerre.
Il porte un panneau avec
les mots : «Dites-le avec
des fleurs». Un soldat et
5 un officier le voient.
L'officier donne l'ordre
d'arrêter Max.
Le soldat pousse Max
vers un poteau.
10 Ensuite, on met un canon
en face de Max. Max a
très peur, car il croit
qu'on va l'exécuter (le
tuer).
15 Mais ce sont des fleurs
qui sortent du canon. Le
soldat et son chef se
mettent à rire [L 22].

Tintin N° 12, 1973 © Editions du Lombard

1. Au restaurant

Inventez un dialogue

- Deux ami(e)s entrent dans un restaurant. Le patron les salue. Il y a beaucoup de monde.
- Ils vont à une table où il y a déjà un couple (un monsieur et une dame).
- Ils parlent avec le garçon.
- Un(e) des deux veut aller se laver les mains.
- Un(e) des deux a besoin de quelque chose.   5
- Ils parlent du repas.
- Ils payent.

Vocabulaire

- dîner – prendre le dîner
- la place est occupée – elle n'est plus libre
- permettre $\neq$ défendre
- commander – dire au garçon ce qu'on veut manger
- recommander – dire que quelque chose est bon
- cuit, e – quand on laisse la viande longtemps sur le feu elle est bien cuite (à point)
- saignant, e $\neq$ cuit
- une carafe – sorte de bouteille, une carafe d'eau, une carafe de vin
- une addition – petite feuille de papier où le garçon a écrit le prix du repas   *Bon appétit!*

La carte

LE LION D'OR

Hôtel-Restaurant

Hors-d'œuvre
Hors-d'œuvre variés
(salade de tomates, radis, olives)
Sardines à l'huile
Charcuterie : la terrine du chef

Viande
Rôti de bœuf
Escalope de veau
Côte de porc
Bifteck
Gigot de mouton

Légumes
Pommes frites
Haricots verts au beurre
Artichauts
Petits pois

Fromages

Dessert
Fruits de saison
Gâteaux
Glace
Crème Chantilly

Boissons

Apéritifs

Vins rouges:
   Beaujolais
   Côtes du Rhône
   Bordeaux
Vins blancs:
   Bordeaux
   Alsace
Blanc de blanc
Vins rosés :
   Touraine
   Provence
Vins mousseux et
   champagnes
Bières
Eaux minérales
   Vichy
   Evian
Limonades et
eaux gazeuses
   Pschitt
   Perrier

2. Voilà un article du journal «L'Express»:

«Ça va mieux: je ne me lève plus qu'à cinq heures du matin»

Je travaille comme sténodactylo (sorte de secrétaire) dans une banque du boulevard Haussmann. Aujourd'hui, c'est samedi, j'en profite [L 30] pour faire mon ménage. Ça me prend tout le matin. Les jours de semaine, je suis tellement

fatiguée [L 23] que je n'ai pas la force [L 30] de m'en occuper. Je me lève à 5
cinq heures. Il faut que je me prépare et que je prépare mes enfants.

Tous les jours, sauf aujourd'hui, je les amène, l'un après l'autre, endormis (L 27)
dans mes bras, chez la nourrice qui habite dans la maison d'en face au troisième
étage. J'amène d'abord ma fille; ensuite, je monte chercher le garçon. Ensuite,
je descends à la gare d'Elisabethville. Je prends le train de 7 h. 32 qui me laisse 10
à Saint-Lazare à 8 h. 15. Quelquefois, le train a entre cinq et six minutes de
retard. Alors, je cours aussi vite que je peux jusqu'à la banque. J'arrive tellement
fatiguée que je ne peux plus parler. Mes camarades de bureau me regardent d'un
drôle [L 21] d'air. Elles pensent que j'ai mauvais caractère. Ce qui est vrai, c'est
que, pour tenir [L 20] trois heures et demie de transport par jour, en plus de 15
huit heures de travail, de la maison et des enfants, il faut avoir une santé [L 29]
de fer [L 21], et je ne suis peut-être pas comme ça.

Quand je rentre à la maison le soir, vers 7 heures, il faut faire les courses, puis
aller chercher les deux enfants chez leur nourrice. Il faut que je leur donne
le dîner et que je les couche. Quand arrive l'heure du repas, je n'ai plus la 20
force de manger. Voilà mes journées. Ce n'est pas toujours amusant pour mon
mari qui est jeune et beau. J'ai 26 ans, mais je commence à croire que je suis
déjà une vieille femme qui attend l'âge de la retraite pour pouvoir se reposer.
Ce qui est terrible, c'est que je suis quand même tellement fatiguée que je
n'arrive pas à faire du bon travail. Je sens que je vais rester toujours simple 25
sténodactylo.»

(d'après l'Express, 30 nov.,–6 déc. 1970, p. 70)

*Les ouvriers vont à
l'usine.
Une journée de dur
travail va commencer.*

39

1. Mon correspondant

Mon correspondant francais a pour prénom Jean. Il habite chez ses parents, dans
la banlieue de Paris. Monsieur et Madame Duval – c'est leur nom de famille – ont
trois enfants : deux garçons, Jean et son petit frère Charles, et une fille, Jacqueline.
Madame Duval a un métier. Mais elle ne travaille qu'à mi-temps, à cause de son
5 ménage. Le père de Jean travaille loin de leur maison, dans le bureau d'une grande
entreprise qui fait des camions. Tous les jours, il prend sa voiture et va au travail
avec un de ses voisins. Il travaille pendant neuf heures, cinq jours par semaine :
c'est ce que les Français appellent la semaine anglaise. Leur bureau ferme à cinq
heures. L'aller et le retour sont très longs : il y a beaucoup de voitures dans les rues
10 de Paris : on ne peut pas aller vite. Quelquefois, Monsieur Duval doit travailler
le samedi matin, mais il ne travaille jamais le dimanche. C'est son jour de congé.
Le dimanche matin, comme beaucoup de Français, il va au café, jouer au tiercé.
Jean ne peut pas encore conduire la voiture de son père, parce qu'il est trop jeune
pour avoir son permis de conduire. Pour aller à Paris, il prend le métro. Il fréquente
15 un lycée de la capitale. Jean appelle son lycée «la boîte» et ses amis «des copains».
Sa sœur, qui est plus jeune que Jean – et plus petite – va encore à l'école primaire.
Elle prend le train de banlieue et Charles prend l'autobus. Les autobus de Paris
vont assez vite et les voyageurs peuvent voir la capitale.

L'autobus est plus cher que le métro et il est moins rapide (... il va moins vite).
20 Le métro est aussi rapide que le train de banlieue, et il est plus pratique.

2. Le vieux chauffeur de taxi

Max vient d'arriver à Paris. Le jeune homme est à la gare de Lyon et veut aller
à la gare Saint-Lazare, mais il ne connaît pas la capitale et il n'a pas son guide
sur lui. Il n'a pas beaucoup de temps et pense qu'il vaut mieux prendre un taxi
[L 23]. Justement, devant la gare, y a une sorte de cour. Il voit une station de
5 taxis, mais il y a beaucoup de gens qui attendent déjà. Max préfère aller plus
loin : il croit avoir plus de chance avec les taxis qui passent sur le boulevard. Il
décide d'y aller. Il prend ses valises et se met au bord du trottoir.
– Taxi, taxi !
A un moment donné, un taxi veut bien s'arrêter. Le chauffeur [L 29] demande
10 à Max :
– Où est-ce que vous allez, Monsieur ?
– A la gare Saint-Lazare.
– Ah, vous n'avez pas de chance, ce n'est pas ma direction. Moi, je rentre
justement à Alfortville.
15 Il part à toute vitesse et laisse Max au milieu du boulevard. Max, qui espère
trouver un taxi, continue à lever le bras et à appeler chaque fois qu'il voit un
taxi. Enfin, une voiture s'arrête en face de lui. Le client paie et descend. Le
moteur tourne encore.
– Vous êtes libre, Monsieur ?
20 Le chauffeur est affirmatif :

– Vous voyez bien. C'est pour où ?

– Pour la gare Saint-Lazare. C'est d'accord ?

Le chauffeur, un gros monsieur tout rouge, ne répond pas. Il prend les lourdes valises de Max et les met à l'arrière. Max monte dans l'auto et s'assied.

– S'il vous plaît, Monsieur, mon train part dans dix minutes et voilà déjà un 25 bon quart d'heure que j'attends ici.

– Mais, est-ce que vous vous rendez compte ? Le feu est au rouge et c'est maintenant aux piétons de passer. Ça ne dure pas très longtemps, mais quand même . . . Vous voyez l'agent de police, là-bas ? Il n'a pas l'air content, et je préfère ne pas discuter avec lui. Il y a beaucoup de contrôles de vitesse en ce 30 moment.

Le vieux monsieur continue à expliquer :

– D'ailleurs, vous savez, ça ne me regarde pas, ce n'est pas mon affaire, mais entre nous, ça va plus vite en métro et en plus, ça coûte moins cher.

– Il y a beaucoup de voitures. 35

– Oui, tout le monde sort du bureau : c'est l'heure de pointe de la journée. Tous les jours à la même heure, c'est la même chose ! Je ne peux pas passer à l'orange, même pour vous faire plaisir. Bon, à la guerre comme à la guerre. Attachez votre ceinture [L 25], car je vais essayer de faire de mon mieux.

– Merci beaucoup. Je ne suis pas d'ici, vous savez . . . 40

– Oui, ça se voit, vous n'avez pas besoin de le dire. Vous avez l'air perdu. Vous êtes d'où ?

– De Vichy.

– Ah, tiens, c'est curieux, moi aussi ! Mais ça fait une dizaine d'années que je suis ici. 45

– On dit que la plupart des Parisiens sont nés en province.

– C'est sans doute vrai. Tenez, moi, je suis parent de la famille Dany. Vous les connaissez ?

– Mais bien sûr ! Nous sommes très amis. J'habite à côté de chez eux.

– Ça, c'est amusant ! On peut dire que le monde est bien petit. Tenez, voilà 50 votre gare Saint-Lazare. Il vous reste une minute pour prendre votre train, enfin, je l'espère pour vous. Mais attention, vous avez un escalier à monter. Avec vos valises, ce n'est pas facile !

– Merci. Tenez. Gardez le reste. Au revoir !

Le chauffeur dit encore quelque chose à Max, mais il est déjà loin et il n'entend 55 rien. Il arrive au quai, mais le train n'est pas encore là.

– Ah, par exemple, mais où sont donc mes valises ! Où ai-je la tête ?

Il entend quelqu'un derrière lui.

– Vous avez de la chance d'avoir affaire à quelqu'un comme moi. Voilà vos valises ! 60

– Ah, vous êtes très gentil !

Max est très heureux, et là-dessus, il lui donne encore un bon pourboire.

Bill trouve un marin

Spirou N° 1824 © Editions Dupuis

La rédaction: fait d'écrire sur un sujet, par exemple: «il a fini la rédaction de sa lettre».

A l'école, la rédaction est une sorte de devoir ou de travail.

Une interview: (mot anglais) fait de demander à quelqu'un ce qu'il pense (à la radio, à la télévision, ou pour un journal).

ouais: oui (français parlé)

Le marin: homme qui vit et travaille sur un bateau, (sur la mer).

le flair: les chiens sentent bien = ils ont du flair.

dégoter: = trouver (français parlé)

parier: ici: croire, penser que quelque chose va arriver.

bluffer: faire du bluff (mot anglais): faire croire quelque chose qui n'est pas vrai.

parvenir à: arriver à, pouvoir.

dénicher: trouver (français parlé)

la casquette: ce que porte le garçon sur la tête.

Ça me revient: je me rappelle (français parlé).

Au marché aux puces *Après la leçon 20*

1. Devant la station Saint-Germain-des-Prés. Klaus et ses jeunes amis ont décidé de prendre le métro pour aller à la Porte d'Orléans. Mais ils vont trop vite et voilà qu'ils prennent la mauvaise direction. C'est Jean-Claude qui le leur dit:
- Oh, zut alors, nous nous sommes trompés de quai! Il nous faut continuer en direction de la Porte de Clignancourt!   5
- Sauf si on prend de nouveaux billets, remarque Paul.
- Mais ce n'est même pas la peine, répond Marie-France. On peut très bien changer à Odéon et reprendre la même ligne, mais dans l'autre <u>sens</u>.
- Oui, c'est vrai, mais il me vient une autre idée: ce n'est pas si mal que ça, la Porte de Clignancourt, ajoute Jean-Claude.   10
- Ah, tiens, et pourquoi ça? Vous pourriez peut-être me le dire? dit Klaus, qui n'y comprend rien.

MARIE-FRANCE: Oui, Jean-Claude, il faut le lui expliquer un peu mieux. <u>En attendant</u>, il nous faut changer de place: vous savez bien que les wagons de seconde classe sont en tête et en queue du train 15 et nous sommes juste au milieu, devant le wagon de première.

Un peu plus tard, nos amis montent dans <u>la rame</u> et reprennent leur discussion.

JEAN-CLAUDE: Klaus, je crois que tu ne connais pas encore le <u>marché aux puces</u>, n'est-ce pas? Si tu veux, nous pouvons te le faire <u>visiter</u>, car il est justement à la Porte de Clignancourt.   20

KLAUS: Ah, ce <u>serait</u> très gentil de me le montrer. On m'en a parlé si souvent.

JEAN-CLAUDE: Eh bien, c'est d'accord, comme <u>de toute façon</u>, nous sommes sur la ligne 4, on va t'y amener.

Au marché aux puces.
– Ah non, pas question!
Pas à ce prix!

25 MARIE-FRANCE : Une fois de plus, Klaus, tu as une chance terrible, parce que
j'ai entendu dire que le marché aux puces est seulement ouvert
le samedi, le dimanche et le lundi.

Ils continuent à parler. Enfin Jean-Claude dit :

– On descend à la prochaine.

30 Quelques minutes après, ils se promènent tous au beau milieu du pittoresque
marché parisien. Avec intérêt, ils regardent plusieurs stands particulièrement
curieux.

– Vois-tu, explique Jean-Claude, le marché aux puces est en quelque sorte divisé
en plusieurs zones spécialisées : là, en face, tu trouves de vieilles pièces de mon-
35 naie, tandis que de l'autre côté, là-bas, il y a plusieurs marchands spécialisés dans
la vente de vieux meubles. A côté, on peut acheter des armes anciennes. Tu peux
trouver encore des timbres, de vieux livres, des appareils électriques. D'ailleurs,
tu as vu qu'on vend aussi des vêtements bon marché, des bleus de travail ...

– On te les a montrés en passant, dit Paul.

40 – Surtout, continue Jean-Claude, on trouve de la brocante. Ce sont de vieux objets, en général de peu de valeur. Mais il arrive encore de découvrir des objets
rares ... Attendez, vous allez voir, ça va être amusant! Regardez cette marchande
en train de discuter avec un monsieur du prix d'un vieux phonographe 1900. Quel
tableau!

45 KLAUS : Tu crois qu'elle va le lui vendre?

JEAN-CLAUDE : On va voir.

LA MARCHANDE : C'est moi qui vous le dis, vous pouvez être tranquille, mon bon monsieur. C'est là un appareil d'<u>excellente</u> <u>qualité</u>, un des premiers électrophones. Il a à peine servi. Regardez ce haut-parleur ... 50

LE MONSIEUR: Et <u>haute fidélité</u>, n'est-ce pas?

LA MARCHANDE: Ah, je vois que vous vous y connaissez en technique. Eh bien, cet appareil <u>unique</u> ne coûte que 500 francs, mais je ne vous en demande même pas 400, je vous le laisse à 300, mais c'est bien parce que c'est vous. Et vous savez, il marche, écoutez-moi ça! 55

LE MONSIEUR: Ce vieux tourne- disque n'est pas mal du tout, Madame, mais en fait, je préfère un magnétophone à piles. Je veux faire des enregistrements de chants d'oiseaux.

LA MARCHANDE: Ah, c'est comme vous voulez. Mais là, j'ai tout à fait ce qu'il vous faut: un appareil presque neuf, qualité extra. Je vous 60 l'offre à 495 francs, avec, en plus, une bande magnétique neuve, un micro japonais et des raccords pour pouvoir repiquer les émissions de radio ou les disques, si cela vous arrange. Tout cela, je ne vous le vends pas, non, je vous le donne pour un morceau de pain! Pensez, monsieur, moins de 500 francs! 65

LE MONSIEUR: Bon, je vous l'achète, mais je ne peux pas vous le payer tout de suite ...

LA MARCHANDE: Ah, Monsieur, je vais vous le dire une fois pour toutes, vous me le permettez, n'est-ce pas? Vous savez bien ce que nous disons: «Crédit est mort, les mauvais <u>payeurs</u> l'ont tué!» Et 70 croyez-moi, j'ai mes raisons.

... Ah, la belle table!
Elle coûte combien?
Sans doute beaucoup
trop pour moi ...

1. Au téléphone

L'etranger: Allô!

Le Francais: Allô!

L'etranger: C'est bien chez les Durand?

Le Francais: Oui, M. Durand à l'appareil.

5 L'etranger: C'est M. Schmidt qui parle. Est-ce que Jacqueline est à la maison?

Le Francais: Non, je regrette, ma fille n'est pas là.

L'etranger: C'est dommage.

Le Francais: Voulez-vous lui laisser un mot?

10 L'etranger: Avec plaisir (je veux bien). Dites-lui le bonjour de ma part. Pouvez-vous lui dire qu'on se rencontre devant le Café du Commerce? A cinq heures de l'après midi.

Le Francais: D'accord, Monsieur. Attendez un moment, ne quittez pas. Je cherche un bout de papier. Je vais lui laisser une note. C'est de

15 la part de qui?

L'etranger: De Thomas Schmidt.

Le Francais: Très bien, Monsieur. Voulez-vous lui passer un autre coup de téléphone (un coup de fil) un peu plus tard?

L'etranger: Ah, non, ce n'est pas la peine.

20 Le Francais: Alors, je vais lui donner la note à son retour.

L'etranger: Merci bien, Monsieur.

Le Francais: Mais avec plaisir.

— Allô? Allô?
Zut, on a coupé!

2. Comment visiter Paris?

Pour visiter la capitale, on n'a qu'à choisir. On peut d'abord, bien sûr, prendre le
métro. Ce n'est pas cher et pour le prix d'un simple ticket, on peut traverser toute
la ville. Mais le métro roule à toute vitesse, la plupart du temps sous la terre, et
on n'y voit presque jamais la capitale. D'un autre côté, on peut y rencontrer des
Parisiens de toutes professions, surtout vers 5 heures de l'après-midi, quand la 5
plupart des gens sortent du bureau ou de l'usine. Cela permet au touriste étranger
de se faire une idée sérieuse de la France au travail.

Mais si on préfère regarder la ville plutôt que les gens qui y travaillent et surtout,
si on n'a que très peu de temps, alors il vaut mieux s'installer sur la plateforme
d'un des nombreux autobus de la RATP (Régie Autonome des Transports Pari- 10
siens, qui s'occupe à la fois du métro et des autobus). De là, on peut voir les mo-
numents de Paris sans trop se fatiguer. Avec un billet de tourisme, on peut, pendant une semaine, prendre le métro et l'autobus.

Ceux qui ont un peu plus de temps et qui aiment le sport peuvent marcher à pied
et trouver des endroits que les touristes d'habitude ne connaissent pas. Mais il 15
faut être assez fort pour faire tous ces kilomètres (10 km du Nord au Sud, 12 km
de l'Est à l'Ouest)! Et puis, cela prend beaucoup de temps. D'ailleurs, ce n'est
possible que quand il ne pleut pas, sans compter la poussière qui salit, l'essence
des autos qui sent mauvais, le bruit des moteurs. ...

Mais comment oublier que Paris est né aux bords d'un fleuve? Il faut bien recon- 20
naître que c'est de la Seine qu'on a la plus belle vue de la capitale. Que c'est beau,
les tours de Notre-Dame qui se dessinent dans l'eau! De nombreux petits bateaux
appelés justement «bateaux-mouches», permettent aux touristes de voir la partie
la plus ancienne de la ville (palais de justice, Notre-Dame, etc.). Les bateaux-
mouches avancent sur l'eau, autour de l'Ile de la Cité et de sa petite amie, l'Ile 25
Saint-Louis, et passent sous les plus beaux ponts parisiens: le Pont-Neuf (le plus
vieux de la capitale!), le Pont de la Concorde, le Pont Alexandre III aux couleurs
d'or ...

On ne peut que penser au poème de Guillaume Apollinaire:

«Sous le pont Mirabeau coule la Seine ...»   30

C'est surtout le soir que la ville-lumière apparaît dans toute sa beauté. Tôt ou
tard, il va bien falloir monter sur un de ces petits bateaux à moteur, pour bien
connaître tout le plaisir d'une promenade sur la Seine. Oui, c'est bien là une des
plus belles façons d'employer son temps à Paris.

1. Un provincial à Paris

Jean-Claude est assis à <u>la terrasse</u> d'un petit café d'étudiants, Boulevard St.-Germain. Paul arrive avec un autre garçon qui a l'air un peu lourd.

PAUL: Excuse-moi, Jean-Claude … Tu connais Albert? C'est <u>un copain</u> de Toulouse, rappelle-toi …

5 JEAN-CLAUDE: Ah, oui, c'est vrai … Bonjour, Albert!

PAUL: Eh bien, il doit aller à Versailles où il a rendez-vous avec Francine.

ALBERT: Mais la SNCF est en grève et aucun train ne quitte Paris aujourd'hui.

JEAN-CLAUDE: Oui, je sais: les syndicats demandent de meilleurs salaires pour
10 les employés de la SNCF.

PAUL: Et Albert me demande comment faire pour aller à Versailles. Aide-le un peu, tu t'y connais mieux que moi …

JEAN-CLAUDE: Mais c'est très simple!

PAUL: Alors, explique-le-lui, s'il te plaît.

15 JEAN-CLAUDE: Bon, Albert, écoute-moi bien: Nous sommes sur le Boulevard St Germain. Tiens, je te le dessine sur ce bout de papier. Va jusqu'à la station de métro «Odéon» …

ALBERT: Mais je n'ai pas de tickets …

JEAN-CLAUDE: Alors, achète <u>un carnet</u> de seconde, si tu veux. Prends <u>en tout cas</u>
20 la ligne 10 en direction de la porte d'Auteuil. Continue jusqu'à «Michel-Ange-Auteuil» ou «Michel-Ange-Molitor». C'est là que tu dois changer.

PAUL: Montre-le-lui sur le dessin …

JEAN-CLAUDE: Oui, regarde bien, prends alors la direction de Pont de Sèvres.
25 Descend au <u>terminus</u>. Devant la bouche de métro, il y a des autobus qui attendent. Là, je ne sais pas quelle est la ligne qui va jusqu'à Versailles, mais ça ne fait rien. Demande-le à un employé de la RATP.

ALBERT: Oui, mais avec tout ça, je vais arriver en retard. Et Francine …

30 JEAN-CLAUDE: Alors, téléphone-lui et offre-lui de venir à Paris ou demande-lui d'attendre.

ALBERT: Je n'ai pas son numéro.

JEAN-CLAUDE: Ca alors! Lève-toi et cherche-le dans l'<u>annuaire</u> du téléphone. Elle est <u>abonnée</u>, au moins? Et puis passe-lui <u>un coup de fil</u>
35 d'ici.

ALBERT: Mais Jean-Claude …

JEAN-CLAUDE: Allez, apporte-le-moi, cet annuaire, je vais m'en occuper. Presse-toi!

ALBERT: Et ton dessin? Qu'est-ce que j'en fais?

40 JEAN-CLAUDE: Garde-le ou jette-le, c'est comme tu veux, mais laisse-moi tranquille!

2. Les ouvriers de l'usine de camions sont en grève

Le droit de grève est une question d'actualité. Hier soir, à la télévision, on a
parlé de la grève de chez Renault. On a montré les portes des ateliers fermées
avec des drapeaux rouges au-dessus, symboles de la révolution. Le directeur
des usines, assis dans un confortable fauteuil, a donné son point de vue sur cette
importante question. On a bien remarqué aussi quelques ouvriers, mais on ne 5
leur a pas posé de questions. Ils n'ont donc rien déclaré. Dans les grands journaux, on a pu lire: «A cause de la grève, aucun camion ne sort plus de chez
Renault depuis une semaine. La France perd un milliard par jour.» La radio a
ajouté que la police a arrêté deux ouvriers coupables d'être entrés dans les
bureaux de la direction. Il est question de leur faire un procès.   10
Jean-Louis et Babette, deux étudiants de Nanterre, s'intéressent avec beaucoup
de sérieux à la question. Ils sont curieux d'apprendre ce que pensent les ouvriers,
ils veulent savoir combien sont vraiment en grève, car ils ne sont pas certains de
ce qu'ils ont entendu à la radio. Ils veulent vérifier eux-mêmes ce qu'on leur
raconte. Après tout, pendant la grève, les ouvriers ne gagnent rien et les syndi- 15
cats, même s'ils les appuient, ne peuvent pas beaucoup les aider. Comment
font-ils avec les porte-monnaie vides? C'est à un représentant du syndicat
qu'ils ont affaire à leur arrivée à l'usine. C'est le chef du conseil des ouvriers en
grève. Il est en bleu de travail. Il les salue, puis explique, d'un air sombre:
– Vous voulez savoir pourquoi les travailleurs ont décidé de se mettre en 20
grève? C'est simple: aujourd'hui, personne n'est content, car chacun peut voir
que, depuis le début de l'année, tout ne fait que monter: le prix du beurre, le
prix de la viande, celui des œufs et des légumes. Partout, c'est à peu près la
même chose. Cinq pour cent par ici, dix pour cent par là. Pour nous, ça ne
s'arrange pas. Même les prix du métro et du chemin de fer ont monté. Mais nos 25
salaires, eux, n'ont pas changé d'un centime, pendant ce temps. Donc, notre
pouvoir d'achat a baissé [L 26]. Ça ne peut pas continuer ainsi. Cette fois, nous
sommes à bout, nous n'en pouvons plus! Nous ne sommes pas d'accord pour

Les usines sont fermées
à cause de la grève. On
va au café pour discuter
le probleme?

49

vivre moins bien qu'avant. Est-ce que les patrons savent combien coûte le
30 bifteck? Non, sans doute. A qui la faute? Au gouvernement? Aux riches?
Peut-être, mais de toute façon, nos familles, nos enfants ont besoin de manger
à leur faim, de boire, de s'habiller de façon convenable. Est-ce que vous savez
que le billet d'autobus coûte aujourd'hui environ le double? Tout augmente,
sans compter les appartements, le chauffage, le gaz [L 24] et l'électricité. Tout
35 devient plus cher. Pendant ce temps, nos femmes doivent faire leurs achats avec
le même argent. Elles ont les pieds sur terre, et elles doivent compter pour s'en
sortir. Les salaires n'ont jamais été aussi bas. Beaucoup de nos camarades, les
travailleurs étrangers, surtout, gagnent au-dessous du SMIC[1] ou alors, ils per-
dent leur emploi. C'est là la raison de notre grève. Nous ne voulons pas la révo-
40 lution, comme écrivent certains journaux, mais un peu plus de justice pour tous.
Voilà ce que nous demandons. Et d'abord, nous voulons discuter ensemble avec
les patrons. Et on nous envoie des cars de police . . .
Vous savez, nous travaillons dur. Et quel travail! Ce n'est pas amusant
d'appuyer toujours sur le même bouton pendant toute la journée! Et puis, la
45 poussière . . . «Demain, demain» toujours plus tard, voici ce qu'on nous répond,
ce qu'on nous promet. Nous connaissons cet air. C'est aujourd'hui que nous
voulons mieux vivre [L 25]. Ensuite, les cheminées vont à nouveau pouvoir
fumer. Cette année, nous n'allons pas pouvoir partir en vacances. Nous voulons
défendre nos droits et la grève, c'est notre seule arme. Nous n'en avons pas
50 d'autre. Alors, la grève continue!»
Jean-Louis et Babette ont compris. Pour être assez juste, le monde d'aujourd'hui
doit être plus juste que celui d'hier.

Max l'explorateur

I. Les mots nécessaires

Le boulon: pièce de métal (comme sur l'image).

La voyante: personne qui voit tout ce qui va arriver.

II. Regardez et racontez

Image 1: Max roule sur la grand'route. Tout à coup, un boulon tombe de sa
voiture.

Image 2: Max s'arrête et ramasse le boulon.

Image 3: Max regarde à l'arrière de la voiture.

Image 4: Il vérifie à l'avant.

Image 5: Il ne trouve rien. Il ne sait pas d'où vient le boulon.

Image 6: Il va au garage Alfred.

Image 7: Le garagiste non plus ne sait pas d'ou vient le boulon.

Image 8: Max va chez une voyante, Madame Anita.

Image 9: Elle cherche d'ou vient la pièce.

(1) Salaire minimum interprofessionnel de croissance

MAX l'explorateur

BARA

Histoire d'un boulon.

Tintin, N° 17/1973, © Editions du Lombard, Bruxelles

Projets d'avenir

Dorothée, Geneviève et Jean-Louis sont avec un ami de classe, Philippe, mais ils
ne savent pas trop quoi faire. Tout à coup, Geneviève a une idée qu'elle explique
tout de suite à ses amis:

– Ecoutez, vous autres, vous ne pensez jamais à ce que vous deviendrez? Moi, si,
5 ça m'arrive quelquefois. Eh bien, si vous voulez, chacun de nous parlera de ce
qu'il veut faire plus tard, de son métier, de ses loisirs, et ensuite nous choisirons
ensemble la meilleure idée, enfin, celle qui nous semblera la meilleure, d'accord?
Bon, alors, Philippe, c'est à toi de commencer, parce que tu es le plus vieux de
nous tous. Allons, fais un effort!

10 – Eh bien, c'est très simple, voilà ce que moi je ferai: d'abord, je continuerai à
bien travailler au lycée ...

 – Celui-là, il n'y va pas de main morte! remarque Dorothée, moi, à sa place ...

– <u>Parfaitement</u>, je le répète, reprend Philippe, avec un léger mouvement de la
tête: je vais continuer à bien travailler au lycée où j'apprendrai encore plusieurs
15 langues modernes, puis je passerai mon <u>baccalauréat</u> ...

 – Haut la main, bien entendu. Cela ne fait pas l'ombre d'un doute, dit Dorothée.
Travailleur et sérieux comme tu es, l'affaire est dans le sac! Tout le monde ici le
reconnaîtra.

 Jean-Louis regarde Geneviève.

20 – C'est possible, mais enfin, si ça marche bien, j'irai étudier à l'université.

 – Pardon, demande Jean-Louis, c'est seulement pour mettre les choses au point.
En dehors de tes études, est-ce que tu t'occuperas encore d'autre chose, par
hasard?

 – De politique, peut-être, mais je n'oublierai pas le principal, ma profession, et
25 j'essaierai, sur la même ligne ...

 – ... de réussir tous les <u>examens</u>, dit Dorothée. C'est bien ça? Mince alors, je
trouve que tu y vas fort.

 – Bon, ça va, ça va. Tu permets? Après, je serai peut-être <u>avocat</u>, <u>docteur</u>, in-
génieur ...

30 Monsieur veut sans doute gagner beaucoup d'argent.

 Philippe regarde Dorothée:

 ... ou même professeur, je ne sais pas encore. <u>En tout cas</u>, j'espère que j'aurai
beaucoups d'amis ...

 ... et surtout d'amies, avec un e! On voit tout de suite où tu veux en venir, dit
35 Dorothée qui ne peut pas s'empêcher de se moquer de lui. Philippe se sent devenir tout rouge.

 – Un jour, sois tranquille, je rencontrerai une fille qui me plaira et à qui je plairai
et nous nous marierons ...

 Dorothée l'arrête encore une fois:

40 – Vraiment? Toi, mon pauvre vieux, <u>tu n'es pas à la page</u>. Je trouve ton histoire
plutôt <u>traditionnelle</u>. Ça manque de sel. Même si elle est au futur, elle ressemble
à un roman bon marché ou encore aux vieux <u>contes</u> que racontent les grand-
mères: Vers la fin, on y dit que les gens se marient, qu'ils vivent longtemps, qu'ils

sont heureux et ont beaucoup d'enfants. Mais moi, zéro, je n'ai pas la tête à ça.
Je me sentirais à l'étroit dans ton histoire. Je préfère autre chose. 45
– Ah, et quoi donc, s'il te plaît?
– Moi, je ne trouve pas ça très amusant, de faire comme tout le monde. Du reste,
je vais vous raconter mon programme.
J'emploierai mon temps d'une autre façon: Je quitterai bientôt le lycée et je
chercherai du travail. Je me placerai chez une famille, à l'étranger. Là, je m'oc- 50
cuperai des enfants ou encore j'aiderai à faire le ménage, je serai «au pair», quoi!
Si ça me plaît, je passerai deux ou trois années là-bas. Comme ça, je pourrai
penser sans trop me presser à ce que je voudrais devenir après.
– Tu oublieras tes amis, sans doute …
– Tu ne me laisses pas parler, Philippe, ce n'est pas juste. Non, – mais <u>certains</u> 55
d'entre vous auront des postes intéressants (elle regarde Philippe qui se sent dans
ses petits souliers) et gagneront déjà leur vie, mais ça ne me gênera pas du tout,
car pendant ce temps, je voyagerai à travers le monde, et même sans argent, je
me débrouillerai toujours. J'irai dans des pays inconnus, mais pas comme tous ces
touristes qui ne font que passer par ces endroits sans les voir, je visiterai des villes 60
mortes, je connaîtrai de vieilles <u>civilisations</u> oubliées. Et j'écrirai des romans là-
dessus.
– Ton nom sera dans tous les journaux, et on ne pourra plus se moquer de toi et
de tes curieuses idées!

65 – C'est ça! Il vous faudra me prendre au sérieux! Voilà! C'est tout!

Geneviève regarde alors Jean-Louis:

– Et toi, raconte un peu. Tu as déjà pensé à ton futur métier?

– Vous avez dit «ce que je ferai», pas vrai? Je ne me place pas sur ce plan. C'est que moi, je ne sais pas encore ce que je ferai dans plusieurs années. C'est encore
70 tellement loin, tout ça! Il vaut mieux penser à ce qui est plus près de nous et c'est pourquoi je sais ce que je vais faire, mettons dans les deux prochaines heures. Je sortirai avec des amis à moi, des gens qui vous ressemblent, d'ailleurs.

Geneviève lui dit: Maintenant tu sors du sujet ...

Mais les autres continuent:
75 – Toi, mêle-toi de ce qui te regarde. Vous irez au théâtre?

– Mieux que ça!

– Tiens, au cinéma, alors?

– Vous n'y êtes pas du tout: il y a en ce moment un orchestre qui donne un concert en ville.
80 Depuis quand est-ce que tu aimes la musique, toi?

– J'ai oublié de vous dire que c'est une sorte de festival de pop-musique. Et justement, il y a «Jim Nastick et ses Chats à barbe»! Il est «terrible»!

– Oh, c'est vrai, est-ce qu'on peut encore avoir des billets?

– Non, c'est fini ... Il n'y en a plus.
85 – Oh, c'est triste.

– Mais j'ai quand même des billets pour vous! Là, dans ma poche, tenez, je les ai eus à bas prix!

– Ah toi, tu es gentil, au moins!

– C'est bien naturel, non?
90 Mais Geneviève, qui ne perd pas le nord, dit à Jean-Louis:

– Mais plus tard, dans ta vie ... On a promis d'en parler tous.

– Plus tard, nous verrons bien. A chaque jour suffit sa peine et, comme on dit: «Qui vivra, verra.»

Après la leçon 24

1. A la poste

a) ETRANGER: Je voudrais envoyer un télégramme (une lettre recommandée) à l'étranger.

FRANÇAIS: Adressez-vous au guichet numéro 8. (Au guichet no 8): Remplissez ce formulaire.

5 b) ETRANGER: Où est-ce que je trouve l'annuaire téléphonique (le «Bottin»)? Où peut-on acheter des jetons de téléphone?

FRANÇAIS: L'annuaire est en face, au mur; pour les jetons, adressez-vous au guichet numéro 3, s.v.p.

ETRANGER: Et maintenant je voudrais encore une communication avec la
10 Suisse.

FRANÇAIS: Pour quelle ville? Vous avez le numéro? Allez à la cabine 2.

*Où est-ce qu'on va pour
téléphoner?*

2. Hervé se fait des cheveux pour peu de chose

Hervé est un jeune étudiant en <u>lettres</u> de l'<u>université</u> de Toulouse.
Depuis qu'il a quitté le lycée, il étudie dans la «ville rose», comme on appelle
Toulouse à cause de la couleur des briques dont sont faites la plupart des maisons.
Mais étudie-t-il vraiment? A ses parents, qui veulent bien le croire, il raconte
qu'il fait de sérieuses études d'espagnol, mais ses camarades, à l'université, savent 5
bien qu'Hervé connaît beaucoup mieux les agréables petits cafés de la capitale du
Languedoc que ses livres de cours. Il ne boit pas beaucoup, oh non, et les patrons de <u>«bistrot»</u> ne font pas de bonnes affaires avec lui; mais il passe de longues
heures au café, avec un groupe d'amis, à discuter de politique, de la grève, de la
révolution ou du gouvernement. Dans l'épaisse fumée des cigarettes, une petite 10
tasse de café noir ou un demi de bière peuvent durer toute une soirée. Ensuite,
les amis vont quelquefois danser ou écouter des disques dans une cave pour
étudiants.
Ce matin, après avoir passé une nuit blanche, notre ami est encore au lit quand
on frappe à la porte de sa chambre. Il lui faut un gros effort pour se réveiller et 15
pour crier: «Oui, qu'est-ce que c'est?» De l'autre côté de la porte, il entend qu'on
lui répond: «C'est le facteur, Monsieur Verdeil.» – «Ah, bon, un moment, j'arrive!»
Justement, il attend un mandat que ses parents lui ont promis pour son anniversaire. Et comme il a presque tout dépensé, cela tombe bien. Il se lève en moins
de deux et ouvre la porte toute grande. «Voilà une lettre pour vous. Dites, il faudra 20
faire installer une boîte aux lettres en bas; c'est dur, de monter sept étages!» –
«Excusez-moi …» Mais Hervé n'écoute plus ce que lui dit le facteur.
— Comment, il n'y a pas de mandat? demande-t-il.
— Non, pas cette fois-ci.
— Regardez bien.   25
— Non, puisque je vous le dis!
— Bon, merci quand même.
— Pas de quoi, Monsieur, à votre service. Au revoir, Monsieur.
— Au revoir, Monsieur.

30 Il ouvre l'enveloppe et la jette dans un coin de la pièce. C'est une lettre de ses
parents.

Tarascon, le 15 novembre

Cher Hervé,

Qu'est-ce que tu deviens? A la maison, c'est toujours le même train-train, mais
35 tout va bien, Dieu merci. Seulement, on trouve qu'il y a longtemps que tu n'es
plus venu nous voir. Et puis, cela ne coûte rien d'écrire une petite carte postale de
temps à autre!
Enfin, ce sera bientôt ton anniversaire, et nous avons eu une idée. Papa a demandé
deux jours libres au bureau et nous viendrons te voir. Qu'est-ce que tu en penses?
40 Moi, je suis certaine que cela te fera plaisir, n'est-ce pas? Tu sais que j'ai toujours
eu envie de visiter Toulouse, le Capitole, les vieilles maisons du XVIIe siècle, le
Musée des Augustins, les bords de la Garonne, l'aéroport de Blagnac …
Papa te demande si tu peux passer au syndicat d'initiative pour avoir un plan de
la ville et des renseignements généraux. Comme cela, nous aurons à notre arrivée
45 tout ce dont nous aurons besoin. Tu peux aussi t'occuper de notre chambre d'hôtel? Merci d'avance! Envoie-nous un télégramme pour nous dire si cela t'arrange.
Je me demande si tu te soignes bien. A la télévision, ils ont dit que l'hiver va être
très dur cette année. Alors, essaie de ne rien attraper.

Nous t'embrassons très fort

50   Tes parents qui t'aiment

P. S.: Madame Cros, qui t'envoie ses amitiés, m'a demandé où en sont tes études.
Tu ne nous as pas parlé de tes résultats du mois dernier et je ne te cacherai pas
que papa veut savoir où tu en es; je pense que tu me comprends.

– Oh, là là! se dit Hervé. Quelle histoire! Il me faudra leur parler de mes études
55 et ils vont vouloir savoir ce que j'ai bien pu faire depuis la rentrée; il est vrai que
je n'ai pas appris grand-chose. Ah, il faudra que j'écoute leurs conseils …
Maintenant, il est tout à fait réveillé.
Il aperçoit alors devant lui un curieux garçon à cheveux longs, à l'air un peu
fatigué, qui lui rappelle quelqu'un. Il comprend tout à coup que c'est son visage
60 qu'il est en train de voir dans la glace au-dessus du lavabo. C'est que depuis qu'il
est à Toulouse, Hervé s'est laissé pousser la barbe et porte les cheveux plutôt …
longs.
– Il me faut aller chez le coiffeur; seulement, je n'ai pas beaucoup d'argent. Je
vais devoir me débrouiller. Ah, mais Martial va m'aider à me tirer d'affaire.
65 C'est un «ancien». D'ailleurs, il est tellement adroit de ses mains! Je vais réveiller
cet as du bricolage …
Aussitôt dit, aussitôt fait: il frappe un bon coup contre le mur. Le résultat ne se
fait pas longtemps attendre:

– Quoi! Qu'est-ce qu'il y a encore? C'est malheureux tout de même, on ne peut pas dormir tranquille dans cette maison!

– Dis, Martial, excuse-moi de te déranger, mais c'est important. Tu peux me couper les cheveux? Mes «vieux» arrivent demain.

– D'ac', mais au nom de notre vieille amitié, laisse-moi dormir encore. J'ai besoin de mes huit heures, moi! Je viendrai cet après-midi. Et ne fais pas trop de bruit, les murs sont si minces!

Quelques heures plus tard, Martial apparaît avec <u>une paire</u> de ciseaux et <u>un peigne</u>, l'air <u>artiste</u>.

– Pourquoi est-ce que tu ne le fais pas toi-même? Tu sais déjà tellement bien couper les cheveux en quatre!

– Oh, dis, ça va, on la connaît par cœur, celle-là!

– Bon, passons aux choses sérieuses. Asseyez-vous, Monsieur, installez-vous comme il faut. Comment Monsieur désire-t-il avoir les cheveux?

– Eh bien, explique Hervé, il me semble que mes parents n'aiment pas que je garde les cheveux trop longs et ça me gêne un peu. Alors, je les veux un peu plus courts, pas trop, quand même.

– Oui, je vois ça d'ici. Accroche-toi bien, c'est parti.

Et sans ajouter un mot, Martial se met au travail.

– Aïe, c'est bête, je t'en ai un peu trop coupé sur le côté droit. Bon, ça ne fait rien, je vais t'arranger ça.

Et il coupe sur le côté gauche.

– Arrête, <u>crie</u> Hervé, n'en coupe pas plus, je crois que c'est assez. Attends, donne-moi une glace pour me voir, s'il te plaît. Oh, que c'est laid! Dis, maintenant c'est du côté gauche que tu en as trop coupé! Zut, alors!

Cela se répète plusieurs fois encore. Enfin, les cheveux sont à peu près réguliers ... seulement, comme le fait remarquer Hervé, ils n'ont plus que 2 cm de long! Hervé est désolé.

– Ça me fait une belle <u>jambe</u>!

Martial, qui se sent coupable, lui dit:

– Bah, tu vas voir, tes parents trouveront ça très bien.

– Oui, bien sûr, c'est évident, eux, ils aiment ce qui est «<u>convenable</u>».

– Tu vois bien! Tu ne veux pas que je te coupe la barbe par-dessus le marché?

– Ah non, tu m'as assez «rasé» comme ça ...

Puis il continue bien vite:

– On ne va pas se prendre aux cheveux pour si peu de chose! Merci quand même, vieille branche, ça va pour cette fois. C'est très gentil de ta part.

<u>Le lendemain</u>, Hervé va chercher ses parents à la gare. Ils s'embrassent, puis sa mère lui dit:

– Tiens, tu es tout changé: tu ressembles à la photo de ta carte d'identité. Enfin, je veux dire ... Tu sais, les cheveux en brosse, ça ne te va pas tellement, ça te rend la tête carrée.

Je te préfère quand même en cheveux longs. C'est plus moderne!

57

3. Pour rire un peu

— Votre chien a mordu ce monsieur!
— Mais voyons, Monsieur l'agent, si je vous dis que ce chien n'est pas à moi!
— Comment, il n'est pas à vous? Mais il vous suit tout le temps!
— Vous aussi, vous me suivez, et vous n'êtes quand même pas à moi.

Astérix

I. Les mots nécessaires

La Gaule: ancien nom de la France.

gaulois, e: qui habite la Gaule.

Le druide: sorte de prêtre gaulois.

Le prêtre: homme qui s'occupe de la religion.

Le caillou: sorte de petite pierre.

parvenir à: arriver à.

La cervoise: ancien nom de la bière, du temps des Gaulois.

s'esquiver: partir sans se faire remarquer.

respecter: ici: faire quelque chose comme on doit le faire. On respecte les lois.

L'alignement: fait d'être sur une ligne (surtout dans l'armée).

filer: autre mot pour «s'esquiver».

inaperçu,e: qu'on ne remarque pas.

II. Regardez et racontez

Voilà une page tirée du livre «Astérix et les Goths». Astérix et Obélix sont deux Gaulois. Ils cherchent à trouver leur ami, le druide Panoramix, que les Goths ont enlevé. C'est pourquoi ils sont allés au pays des Goths. Ils se sont habillés en Goths pour qu'on ne les remarque pas.
Si les Gaulois représentent [L 30] les Français d'aujourd'hui, les Goths sont à l'image des Allemands comme les voient les auteurs d'Astérix. Les Goths sont très blonds, et plutôt gros. Ce sont des soldats qui aiment la discipline. On les voit marcher au pas de l'oie (comme les soldats allemands pendant la deuxième guerre mondiale). Astérix et Obélix doivent aussi respecter l'alignement.
Les caractères ou lettres gothiques montrent que c'est la langue des Goths, qu'Astérix et Obélix ne comprennent pas (remarquer à ce sujet la question d'Obélix: «qu'est-ce qu'il dit?» et la réponse d'Astérix: «faut pas chercher à comprendre».)
Les deux Gaulois savent se débrouiller par leurs propres moyens. Ce sont deux personnes, deux individus, en face des Goths qui sont en groupe. Les Gaulois

Astérix et les Goths/Editions Dargaud, Paris

ont aussi bon caractère: Obélix chante une chanson connue («Boire un petit
coup, c'est agréable.») Il ne chante pas la même chanson que les autres.
Remarquez encore la façon de parler de nos personnages.
Han, deuie = un, deux (chez les soldats).
Z'aurez de mes nouvelles = vous aurez de mes nouvelles.
faut pas chercher à comprendre = il ne faut pas chercher à comprendre (langue
parlée).

1. L'art d'écrire des lettres

JACQUELINE : Mais non, voyons Barbara, tu ne peux pas écrire «Cher Monsieur» à Monsieur Barral. Tu ne le connais presque pas!

BARBARA : Bon, d'accord, est-ce que tu peux m'expliquer comment faire? Je ne connais pas l'art d'écrire des lettres en français.

5 JACQUELINE : On s'en aperçoit, mais écoute, c'est simple. Mieux tu connais quelqu'un, plus ta lettre sera familière et amicale, moins tu le connais, plus elle sera réservée. C'est naturel, non? Je vais t'aider un peu. Si tu écris à un ami ou une amie ou quelqu'un de la famille, tu commenceras d'abord par: «(Ma) chère Denise» ou encore «(Mon) cher
10 Philippe» et il faudra finir la lettre comme on l'a commencée: «Amicalement» ou bien «Cordialement à toi» ou encore «Affectueusement à toi», surtout si c'est une lettre d'amour.

BARBARA : Est-ce qu'on peut dire: «Je t'embrasse»?

JACQUELINE : Absolument, même à de très bons amis, et alors, il arrive d'é-
15 crire souvent «Bons baisers, à bientôt …».

BARBARA : Oui, mais si j'écris à des amis que je vouvoie?

JACQUELINE : Tu dis «vous» à tes amis, toi?

BARBARA : Mais oui, ça arrive quelquefois, par exemple quand ils sont un peu plus âgés.

20 JACQUELINE : Tu as raison. Tu écris alors «Mon cher ami, cher ami, chère amie, chers amis, ou encore «Très chers amis», etc.

BARBARA : Et à qui est-ce que je peux écrire «Chère Madame» ou «Cher Monsieur»?

JACQUELINE : A des gens que tu connais, que tu aimes bien, mais qui ne sont pas
25 encore de vrais amis. Et puis tu finiras par: «Croyez, cher Monsieur (ou chère Madame), à l'expression de mes sentiments les meilleurs.»

BARBARA : Et si je ne connais pas la personne ou si je la connais très peu?

JACQUELINE : Alors, il faut choisir: «Monsieur», «Madame» et à la fin: «Croyez, Monsieur, à l'expression de mes sentiments distingués», ou bien:
30 «Veuillez croire, Monsieur, à …» ou encore: «Veuillez agréer, Monsieur, l'expression …».

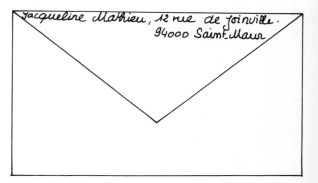

BARBARA:	Et pour une dame?
JACQUELINE:	Là, il vaudrait mieux quelque chose comme: «Croyez, Madame, à l'expression (ou encore: à l'assurance) de mes sentiments respectueux» ou encore «les plus respectueux», surtout si c'est une dame d'un certain âge.
BARBARA:	Mais est-ce qu'on ne peut pas écrire simplement «Sentiments distingués»?
JACQUELINE:	Jamais dans une lettre, mais seulement dans un télégramme, et encore s'il est adressé à un monsieur.
BARBARA:	Et pour les titres?
JACQUELINE:	On ne s'en sert pas beaucoup en France, mais tu dois écrire «Monsieur le Président», «Monsieur le Professeur», ou encore «Monsieur le Docteur», si c'est un médecin, «Maître», si c'est un avocat.
BARBARA:	Merci beaucoup. Et pour Monsieur Barral, ce sera «Monsieur»!

35

40

45

2. Comment écrire l'adresse:

Monsieur et Madame Jean-Pierre Villars
25, Boulevard Berthelot
F-34000 Montpellier

Les deux premiers chiffres du numéro de code ou de l'indicatif postal (ici: 34) placés devant le nom de la ville sont les mêmes que ceux qu'on trouve sur les voitures du département.

3.

INDICATIFS DEPARTEMENTAUX

POSTAUX (à gauche) TELEPHONIQUES (à droite)

01 Ain	74	25 Doubs	81	48 Lozère	68	72 Sarthe	43
02 Aisne	23	26 Drome	75	49 Maine-et-Loire	41	73 Savoie	79
03 Allier	70	27 Eure	32	50 Manche	33	74 Savoie (Haute)	79
04 Alpes (Hte-Prov.)	92	28 Eure-et-Loir	37	51 Marne	26	75 Paris	(1)
05 Alpes (Hautes)	92	29N Nord-Finistère	98	52 Marne (Haute)	27	76 Seine-Maritime	35
06 Alpes-Maritimes	93	29S Sud-Finistère	98	53 Mayenne	42	77 Seine-et-Marne	(1)
07 Ardèche	93	30 Gard	66	54 Meurthe-Moselle	28	78 Yvelines	(1)
08 Ardennes	75	31 Garonne (Haute)	61	55 Meuse	28	79 Sèvres (Deux)	48
09 Ariège	61	32 Gers	62	56 Morbihan	97	80 Somme	22
10 Aube	25	33 Gironde	56	57 Moselle	87	81 Tarn	63
11 Aude	64	34 Hérault	67	58 Nièvre	83	82 Tarn-et-Garonne	63
12 Aveyron	65	35 Ille-et-Vilaine	99	59 Nord	20	83 Var	94
13 Bouches-d.-Rhône	91	36 Indre	54	60 Oise	(1)	84 Vaucluse	90
14 Calvados	31	37 Indre-et-Loire	47	61 Orne	34	85 Vendée	30
15 Cantal	71	38 Isère	76	62 Pas-de-Calais	21	86 Vienne	49
16 Charente	45	39 Jura	82	63 Puy-de-Dôme	73	87 Vienne (Haute)	55
17 Charente-Marit	46	40 Landes	57	64 Pyrén.-Atlantique	59	88 Vosges	29
18 Cher	36	41 Loir-et-Cher	39	65 Pyrénées (Hautes)	62	89 Yonne	86
19 Corrèze	52	42 Loire	77	66 Pyrénées-Orient	69	90 Territ-de-Belfort	94
20 Corse	95	43 Loire (Haute)	72	67 Rhin (Bas)	88	91 Essonne	(1)
21 Côte-d'Or	80	44 Loire-Atlantique	40	68 Rhin (Haut)	89	92 Hauts-de-Seine	(1)
22 Côtes-du-Nord	96	45 Loiret	38	69 Rhône	78	93 Seine-St-Denis	(1)
23 Creuse	51	46 Lot	60	70 Saône (Haute)	84	94 Val-de-Marne	(1)
24 Dordogne	53	47 Lot-et-Garonne	58	71 Saône-et-Loire	85	95 Val-d'Oise	(1)

*Les numéros des
départements.*

4. Comment se servir de l'inter-téléphone automatique

Il faut d'abord distinguer l'automatique régional de l'automatique national.

Automatique Régional

Les abonnés du téléphone qui habitent dans une même zone automatique régionale peuvent se téléphoner de la façon la plus simple : ils n'ont qu'à composer au cadran le numéro d'appel à 6 chiffres qui figure dans l'annuaire (par exemple le 49.37.04).

Automatique National

Pour appeler un abonné situé dans la zone automatique nationale il faut :
– 1° – Composer d'abord au cadran l'indicatif 16
– 2° – Puis attendre la tonalité musicale.
– 3° – Enfin, composer l'indicatif du département suivi du numéro de l'abonné demandé.

Pour rire un peu

– Pourquoi dit-on que le capitaine d'un bateau est maître après Dieu ?
– Sans doute parce que sa femme n'est pas sur le bateau.

Une journée à la maison

Ce matin, il a fait mauvais temps. Il a plu pendant plus de deux heures. Impossible de sortir, de faire des promenades. C'est pourquoi Klaus et Jean-Claude sont restés à la maison.

Madame Dubois a dit à Jean-Claude: «Pourquoi ne pas en profiter pour montrer la maison à Klaus?» Mais par où commencer le «tour du propriétaire»? 5

JEAN-CLAUDE: Bon, allons d'abord à la cave. Descendons cet escalier-là.
                   Il va à la cave.

KLAUS: Qu'allons-nous y trouver?

JEAN-CLAUDE: Du bon vin, naturellement: du vin de la Loire, du Rhône, de bonnes bouteilles de Bourgogne et aussi du Bordeaux. 10
                   Quel est le vin que tu préfères?

KLAUS: J'aime bien le blanc, et toi?

JEAN-CLAUDE: Moi, c'est plutôt le rouge que je préfère.

KLAUS: A quoi sert la grosse caisse dans le coin?

JEAN-CLAUDE: C'est la caisse à charbon, car nous n'avons pas le chauffage central. Et vous, comment vous chauffez-vous en hiver? 15

KLAUS: Nous avons un poêle à mazout qui chauffe tout l'appartement.

JEAN-CLAUDE: Mais passons au rez-de-chaussée. Là se trouve notre cuisine, puis notre salle à manger et une salle de séjour que tu connais déjà.

KLAUS: Pourquoi est-ce que les chambres sont au premier étage? 20

JEAN-CLAUDE: Eh bien, c'est tout simple: on n'y entend pas le bruit de la rue. C'est pourquoi on y a placé aussi le bureau de mon père. Il peut y travailler en paix. Personne ne le dérange.

La pièce préférée de Jean-Claude, c'est le vieux grenier, plein de bric-à-brac inutile. On y trouve des cartons pleins de jouets cassés, des meubles, des fauteuils, 25 un vieux lit.

KLAUS: C'est toi qui joues à la poupée?

JEAN-CLAUDE: Mais non, voyons, c'était Marie-France quand elle était petite. Regarde: elle a d'ailleurs gardé sa maison de poupée. Tu vois, la cuisine est pourvue du confort moderne: il y a une cuisinière, un 30 évier avec deux robinets …

KLAUS: Et ce machin, qu'est-ce que c'est?

JEAN-CLAUDE: Ce machin, comme tu dis, c'est un chauffe-eau.

Jean-Claude s'est intéressé à un petit objet en métal.

JEAN-CLAUDE: Tiens, voilà la locomotive de mon train électrique. 35
                   Elle marche encore … mais il manque tous les wagons.

Jean-Claude allait s'en occuper, quand tout à coup un rayon de soleil est passé par le vasistas. Les garçons sont tout de suite descendus. Dans l'escalier, Jean-Claude a demandé à Klaus:

                   Tu sais ce que c'est qu'une chambre? 40

KLAUS: Bien sûr, c'est une pièce, c'est la même chose.

JEAN-CLAUDE: Tu te trompes, mon vieux, c'est toujours une pièce où les gens dorment.

KLAUS: Là, je t'arrête: et la chambre des Députés?

JEAN-CLAUDE: Eh bien justement! 45

Au restaurant

– Vous prenez le repas à 10 francs ou celui à 15 francs ?
– Je ne sais pas encore. Quelle est la différence ?
– C'est pourtant simple : cinq francs.

– Garçon !
Voilà cinq francs de pourboire pour vous. Quel conseil me **donnez-vous** ?
– Eh bien, entre nous, choisissez un autre restaurant !

– Garçon ! La soupe est froide !
– Mais comment le savez-vous ? Vous n'y avez même pas touché.
– Oui, mais j'ai vu que votre pouce était dans l'assiette quand vous me l'avez apportée.

Angélique

I. Les mots nécessaires

dater de: ici : être vieux de.

une occasion: ici : une bonne affaire.

le ruban: morceau de tissu [L 29] étroit et long.

la beauté: fait d'être beau.

Pâques: fête de l'Eglise qui tombe au printemps.

le tonton: oncle (langue des enfants).

deviner: savoir quelque chose qui va arriver.

la surprise: chose qu'on n'attend pas.

le poussin: petit de la poule (voir l'image).

II. Regardez et racontez

Image 1: Angélique, une gentille petite fille toute blonde, va chez l'épicier. Elle achète des œufs qui ne sont pas frais. Ce n'est pas pour manger.

Image 2: Angélique sort de l'épicerie. L'épicier est très content.

Image 3: Angélique aussi est très contente : neuf œufs pour le prix d'un seul œuf, ce n'est pas cher.

Image 4: Elle prend des couleurs et peint les œufs.

Image 5: Elle ajoute un beau ruban : ce sont des œufs de Pâques pour son oncle.

Image 6: Elle met les œufs au chaud. Comme ça, ils vont être secs pour le soir.

Image 7: L'oncle arrive, mais que voit-il ? De petits poussins sortent des œufs !

64

La grippe

Spirou N° 1827 © Editions Dupuis

Gaston Lagaffe a le nez tout rouge: c'est qu'il a un gros rhume. Il prend son mouchoir et se mouche, avec un bruit terrible. Un éléphant arrive. Il semble aimer le bruit de Gaston. Gaston, tout étonné, ne comprend rien.

M'enfin = mais enfin!

1. A la gare

a) Au guichet

VOYAGEUR 1 : Je voudrais un billet de seconde pour le Havre.
EMPLOYÉ :　Un billet aller-retour?
VOYAGEUR 1 : Non, un billet aller simple.
VOYAGEUR 2 : Quelle réduction peut-on avoir pour un voyage de groupe?
EMPLOYÉ :　Vous êtes combien de personnes?
VOYAGEUR 2 : Le groupe comprend 12 personnes. 　　　　　　　　　　5
EMPLOYÉ :　Vous aurez une réduction de 30 pour cent.
VOYAGEUR 2 : Pour combien de temps le billet est-il valable?
EMPLOYÉ :　Pour deux mois.

b) Au bureau de réservation

VOYAGEUR 1 : Monsieur, je voudrais retourner en Autriche avec un groupe. Avant notre départ, nous n'avons plus pu faire réserver les places pour le retour. Maintenant je voudrais réserver des places pour un groupe de 18 personnes dans le rapide Paris-Vienne.
EMPLOYÉ :　Quel train voulez-vous prendre? 　　　　　　　　　　5
VOYAGEUR 1 : Celui de 18 heures 32.
EMPLOYÉ :　Il n'y a plus rien. Dans le train de 22 heures 14, je peux vous réserver trois compartiments.
VOYAGEUR 1 : Bon, merci, ça ira.
VOYAGEUR 2 : Quel est le prix du trajet Paris-Toulouse en wagon-lit? 　　10
EMPLOYÉ :　180 francs, en seconde.
VOYAGEUR 2 : Je vous prie de me réserver une place pour le 24 janvier.
VOYAGEUR 3 : Je voudrais réserver une couchette pour le train Paris-Marseille qui part à 22 heures 25. Ce sera pour le 10 janvier.
EMPLOYÉ :　En première ou en seconde? 　　　　　　　　　　15
VOYAGEUR 3 : En seconde, s.v.p.

c) Au bureau de renseignements

VOYAGEUR :　Je voudrais aller à Saint-Etienne, le lundi 31 décembre. Pourriez-vous m'indiquer la correspondance la plus rapide?
EMPLOYÉ :　Vous partez de Paris à 7 heures 40. Vous arriverez à Lyon à 13 heures 50. Dix minutes plus tard, vous aurez une correspondance pour Saint-Etienne. 　　　　　　　　　　5

d) A la consigne

A Lyon, le voyageur pour Saint-Etienne a deux heures d'arrêt.
Il veut se promener en ville et il ne veut pas porter sa valise.
Comme il ne trouve pas de case libre à la consigne automatique, il va à la consigne.
Voyageur: Monsieur, je voudrais laisser ma valise en consigne.
Employé: Gardez ce bulletin de consigne. 　　　　　　　　　　5
Au bout de deux heures, le voyageur revient.
Voyageur: Je voudrais retirer ma valise.

e) Au bureau d'enregistrement des bagages

Pour son voyage à Toulouse, le voyageur ne garde pas ses valises mais il va au bureau d'enregistrement des bagages.

Voyageur: Je voudrais faire enregistrer ces deux valises pour Toulouse.

f) L'arrivée de l'oncle

Les Girard vont à la gare pour chercher le frère de Mme Girard.

L'horloge de la gare marque deux heures quand ils descendent de voiture. Ils regardent vite l'horaire des trains. L'oncle sera ici à deux heures et quart. Devant le guichet, des voyageurs font la queue. Ça avance très lentement.

5 – Regardez, dit Nicolas, nous pouvons prendre nos tickets de quai à un distributeur automatique!

Mme Girard demande à un employé:

– Pardon, Monsieur, où arrive le train de Bordeaux?

– Quai 3, voie 2.

2. Au rayon «Confection pour dames» d'un grand magasin

Ce matin, Annette est allée dans un grand magasin pour s'y acheter un pull-over. Geneviève l'a accompagnée. Au deuxième étage, les deux amies sont allées au rayon «Confection dames». Une vendeuse s'est avancée vers elles.

– Bonjour, Mesdemoiselles. Vous désirez?

5 – Je voudrais un pull-over.

– Ah oui, qu'est-ce que vous avez comme numéro?

– Ah, je l'ignore, Mademoiselle.

– Dans ce cas, je vais vous prendre les mesures. Un instant, s'il vous plaît. Regardez, ce pull vous ira très bien, je crois. Voulez-vous l'essayer?

10 – Non, la couleur ne me plaît pas. Celui-ci ressemble à un sac. Il n'est pas très bien. Montrez-moi le bleu qui est là-haut, à votre droite.

– Ah, celui-là vous va comme un gant.

Geneviève ajoute:

– Et il va très bien avec ta jupe.

15 Annette répond:

– Tu as raison. Je le garde. C'est combien?

– Cela fait 20 francs.

– Ce n'est vraiment pas cher.

– Oui, Mademoiselle, il est en solde. Si vous voulez me suivre à la caisse.

3. A la blanchisserie

Eric Weber, notre étudiant, est à l'université de Montpellier, où il suit les cours de vacances pour étrangers. Comme il ne lave pas son linge lui-même, il va à une blanchisserie.

EMPLOYÉE: Bonjour, Monsieur. Eh bien, qu'est-ce que vous avez aujourd'hui?

5 ERIC: Quatre chemises, deux slips, deux chemisettes, un pull-over, deux paires de chaussettes. Et pourriez-vous me repasser ce pantalon?

EMPLOYÉE: Bien sûr, Monsieur. On vous le nettoiera et on vous le repassera. Votre linge sera prêt vendredi.

wladimyr
MONIQUE + CARLOS-ROQUE

Les canards n'ont pas de chance!

Spirou N° 1821 © Editions Dupuis

Les mots nécessaires pour comprendre l'histoire

selon vous: d'après ce que vous pensez.

le canard: oiseau qui peut nager, comme sur l'image.

parfait, e: qui n'a pas de fautes, qui est tout à fait bien, qui ne peut pas être mieux.

la grenouille: sorte de petit animal qui vit dans l'eau et sur la terre (voir l'image).

à la rigueur: peut-être, sans doute.

le lièvre: animal à longues oreilles qui court très vite.

une hirondelle: petit oiseau noir et blanc qui s'installe sous les toits des maisons («une hirondelle ne fait pas le printemps»).

flanquer quelque chose à quelqu'un: donner (français parlé).

plein de: beaucoup de (français parlé).

le complexe: problème.

1. Chez le coiffeur

Avant d'aller à la surprise-partie de Mlle Anglade, Jacqueline va chez le coiffeur.
C'est la coiffeuse qui s'occupe d'elle.

COIFFEUSE: Bonjour, Mademoiselle. Qu'est-ce que ce sera pour vous? Une permanente?

5 JACQUELINE: Oh, non, Madame, j'ai les cheveux trop délicats.

COIFFEUSE: Je peux vous faire une mise en plis, si vous voulez.

JACQUELINE: Eh bien, écoutez, faites-moi une simple coupe. J'ai les cheveux un peu trop longs.

COIFFEUSE: Très bien, et je vous recommande un shampoing traitant.

10 JACQUELINE: D'accord, je veux bien.

Jacqueline est partie ... et Eric arrive.

ERIC: Bonjour, Monsieur. C'est pour une coupe de cheveux.

COIFFEUR: Une coupe simple ou au rasoir?

ERIC: Au rasoir, s'il vous plaît.

15 COIFFEUR: Qu'est-ce que vous prenez comme shampoing?

ERIC: Donnez-moi un bon produit contre la pellicule, s'il vous plaît.

COIFFEUR: Si vous voulez bien vous pencher un peu? Merci. Comment est-ce que vous vous peignez d'habitude?

ERIC: Sans raie, s'il vous plaît. Et surtout, ne coupez pas trop court.

20 COIFFEUR: Je vais simplement vous couper quelques mèches qui dépassent. Voilà. Une friction?

ERIC: Non, merci, ce sera tout, pas de friction.

2. Chez le fleuriste

Eric va chez le fleuriste pour acheter des fleurs pour Mme Anglade.

EMPLOYÉE: Bonjour, Monsieur, vous désirez?

ERIC: Eh bien, des fleurs, bien entendu, Mademoiselle.

EMPLOYÉE: Vous avez fait votre choix?

5 ERIC: Justement, je ne sais pas. Des œillets, des roses, des tulipes?

EMPLOYEÉ: C'est pour une dame?

ERIC: Oui, c'est pour une dame d'un certain âge.

EMPLOYÉE: Ce qui se fait beaucoup, c'est d'offrir un beau bouquet de glaïeuls. Regardez-moi ça, si c'est beau!

10 ERIC: Oh, c'est très joli.

EMPLOYÉE: Je vous en mets dix?

ERIC: Oui, s'il vous plaît.

(En France, on offre généralement des bouquets où il y a un nombre pair de fleurs et on n'enlève pas le papier quand on les offre.)

Chez la fleuriste.
Ici, les fleurs ne sont
pas trop chères.

3. Que dit-on pour féliciter quelqu'un?

Le premier de l'an: Bonne Année. Meilleurs vœux de bonheur. Je vous souhaite une bonne année.

A Pâques: Joyeuses Pâques. Joyeuses fêtes de Pâques.

Pour les vacances: Bonnes vacances.

Avant un voyage: Bon voyage.

Pour la Noël: Joyeux Noël. Je vous souhaite de belles fêtes de fin d'année.

Après un examen réussi: Toutes mes félicitations. Je vous félicite de votre brillant succès. (On ne dit jamais «Bonne chance» avant un examen, car beaucoup pensent que cela porte malheur.)

Pour l'anniversaire: Bon anniversaire. Bonne fête.

Pour la fête de quelqu'un (pour son saint): Bonne fête, meilleurs vœux! (Par exemple, pour la St Jean, on souhaite une bonne fête à tous ceux qui s'appellent Jean, surtout dans les familles catholiques.)

A l'occasion de fiançailles ou d'un mariage: Mes meilleurs vœux de bonheur.

Pour la naissance d'un enfant: Meilleurs vœux de bonheur à l'enfant (au nouveau-né) et félicitations à ses parents.

1. Le dernier week-end

Dernier week-end: 26 tués et 145 blessés sur les routes françaises – Un héros de la route – (De notre correspondant particulier)

Au cours du dernier week-end, de mombreux accidents ont eu lieu sur nos routes, malgré l'action «Primevère», organisée par la Gendarmerie Nationale
5 et les C. R. S. Beaucoup de Français qui, à l'occasion des fêtes, avaient fait le pont, ont voulu rester le plus longtemps possible à l'air pur et au soleil et n'ont repris le chemin du retour qu'en toute dernière minute. Nous ne saurions trop répéter à nos lecteurs de prévoir leur retour assez tôt pour avoir le plus de chances de rentrer sans accident. Quelquefois pourtant le pire a pu être évité grâce au
10 sang-froid de personnes décidées. Voici à titre d'exemple ce que nous a dit un étudiant de Montpellier, le jeune André Cousinier:

«Avec des amis, nous étions en train de manger sur l'herbe quand tout à coup nous avons entendu un bruit terrible. Je me suis dit tout de suite: Ça, c'est un accident! Je suis allé voir: une Peugeot 204 avec 4 personnes à bord avait manqué
15 le virage et était rentrée dans un arbre. Comme elle était, elle pouvait prendre feu d'un moment à l'autre. Sous le choc, le conducteur avait perdu connaissance. Sa femme, à côté de lui, ne pouvait pas sortir à cause d'une porte bloquée. Avec les amis, nous avons pu ouvrir de l'extérieur. Heureusement, les enfants à l'arrière n'avaient rien. Nous avons dégagé le conducteur, coincé derrière son volant, et
20 nous l'avons allongé sur l'herbe.

– Vous avez pu le soigner sur place?

– Oui, car j'ai suivi un cours de secouriste. Je lui ai fait d'abord le bouche-à-bouche pour le ranimer. Au bout de quelques minutes d'efforts, il a repris connaissance. Il avait de la peine à respirer et il se plaignait de douleurs à la poitrine
25 et au ventre. Je lui ai ouvert les vêtements pour le soulager un peu.

– Mais sa femme, qui était pourtant à sa droite, n'avait rien. Comment vous expliquez-vous cela?

– Elle avait passé sa ceinture de sécurité, lui non. A part quelques blessures superficielles au visage, elle n'avait rien de sérieux. Je suis resté près des blessés pen-
30 dant que Marie-Thérèse, mon amie, allait téléphoner à un restaurant tout proche pour appeler une ambulance et faire venir la gendarmerie. Vous savez qu'il faut rester auprès des accidentés quand ils ont été «choqués» et les premières minutes après l'accident sont décisives pour sauver la vie des blessés.

Un accident.

*Il ne faut pas prendre
son auto pour un avion.*

– Monsieur, savez-vous que vous êtes un héros?

35 – Pas de grands mots, s'il vous plaît. Je n'ai fait que ce que je voudrais qu'on me fasse si j'étais accidenté à mon tour. C'est normal, non?

Nous n'avons rien à ajouter.

Après un accident

– porter les premiers secours à un blessé   – perdre connaissance

40 – emmener les blessés à l'hôpital le plus proche   – reprendre connaissance

– une victime a la jambe cassée   – s'évanouir

    – se ranimer, être ranimé

2. Chez le dentiste

Ce matin, en se levant, Claudine a vu qu'elle avait la joue toute gonflée.

– Aïe, il me faut aller chez le dentiste!

Après le petit déjeuner, elle lui a téléphoné.

– Est-ce que je pourrais passer chez vous? C'est une molaire, je crois ... Oh, merci

5 beaucoup, à 10 heures 30, d'accord. Merci beaucoup.

Quelques heures après, elle est installée sur le fauteuil. Le dentiste examine sa bouche.

– Je vois, c'est votre dent de sagesse.

– Est-ce qu'il faut la plomber?

10 – Oh, j'ai bien peur qu'il ne faille l'arracher. On va d'abord faire une petite radiographie pour voir dans quel état est la racine.

– Alors, vous ne pourrez rien faire aujourd'hui?

– Non, et d'ailleurs, toute la gencive est enflammée. Il faut attendre jusqu'à ce que ça se calme. Je vais vous donner un produit que vous allez vous passer sur la

15 partie gonflée. Revenez demain matin.

– Oui, mais ça fait mal!

– Voilà une ordonnance pour des cachets anti-douleur, mais n'en abusez pas!

César · Une histoire de mal de dents

Les mots nécessaires

Le dentiste: sorte de médecin qui soigne les dents.

la carie: maladie de la dent.

le risque: le danger.

une infection: sorte de maladie.

le cancer: terrible maladie.

la mâchoire: bas du visage.

une amputation: fait d'enlever un bras ou une jambe.

énergiquement: avec force.

la gamine: la petite fille.

le dentier: ce qu'on met dans la bouche quand on a perdu toutes ses dents.

une horreur: chose terrible, qui fait peur.

74

3. Albert va à la pharmacie

Comme tous les ans, Albert prépare ses vacances avec soin. Il fait arranger sa voiture, cherche des cartes, écrit aux hôtels, etc. La pharmacie portative est presque vide, il lui faut la remplir. Il va à la pharmacie.

ALBERT: Bonjour, Mademoiselle.

5 EMPLOYÉE: Bonjour, Monsieur; vous désirez?

ALBERT: Eh bien, il me faut renouveler mon stock de médicaments.

EMPLOYÉE: Vous êtes malade?

ALBERT: Oh non, c'est pour la pharmacie portative que j'ai dans ma voiture.

EMPLOYÉE: Ah bon, c'est une excellente précaution.

10 ALBERT: Il me faut d'abord du sparadrap pour les petites blessures, de l'ouate, ... ah, du mercurochrome (liquide rouge qu'on met sur une blessure pour la désinfecter)! Et aussi quelque chose contre les brûlures.

EMPLOYÉE: Nous avons aussi quelque chose de bien contre les piqûres de moustiques (L. 30), d'abeilles, etc.

15 ALBERT: Très bien, et puis quelque chose contre les maux de tête.

EMPLOYÉE: Prenez du Rafaga (marque qui n'existe pas). C'est aussi bien contre le mal de ventre, la grippe, et même la fatigue, car il y a maintenant des vitamines dedans. – Mais vous n'êtes pas trop pessimiste?

ALBERT: Mais non, et vous allez voir si je suis optimiste, quant au temps qu'il
20 va faire pendant mon congé: donnez-moi une crème contre les coups de soleil!

4. Chez le médecin

PIERRE: Mais Thomas, qu'est-ce que tu as ce matin? Tu ne dis rien, tu n'as rien pris au petit déjeuner. Et tu es tout pâle! Qu'est-ce qui t'arrive?

THOMAS: J'ai mauvaise mine? Ça ne m'étonne pas trop. Je me sens assez mal, j'ai la tête qui tourne. Je me sens tout faible.

5 PIERRE: Je vais appeler un médecin.

THOMAS: Mais non, ce n'est vraiment pas la peine. Ce n'est pas si grave que ça. Je peux y aller à pied.

PIERRE: Mais non, mais non, mon vieux, on t'y conduit en voiture. Allez, viens, on descend.

10 (Dans l'antichambre du médecin.)

PIERRE: Tiens, mais c'est notre ami Jacques Barreau. Qu'est-ce qui t'est arrivé?

JACQUES: Eh bien, pendant notre dernier match de football, je me suis foulé la cheville.

15 PIERRE: Ça doit te faire mal.

JACQUES: Au début, oui, mais c'est passé. Maintenant c'est terriblement gonflé, comme tu vois.

(L'assistante médicale fait entrer Thomas dans le cabinet du médecin.)

THOMAS: Bonjour, docteur.

76

DOCTEUR: Bonjour, Monsieur. Qu'est-ce qui ne va pas? 20

THOMAS: Eh bien, je ne me sens pas très bien. Depuis ce matin, j'ai mal au cœur.

DOCTEUR: Ah, bon, nous allons voir. Déshabillez-vous. Oui, c'est ça. Allongez-vous là-dessus. Ça vous fait mal quand j'appuie là?

THOMAS: Oui, oui ...

DOCTEUR: Vous avez dû manger quelque chose qui ne vous a pas convenu. 25

THOMAS: Qu'est-ce que je dois faire, docteur?

DOCTEUR: Vous allez vous reposer, prendre des infusions et surtout, ne rien manger de toute la journée. Demain matin, il n'y paraîtra plus.

5. Annette est malade

Ce matin, Annette n'a pas réussi à se lever. C'était sérieux: Elle n'est pas venue prendre son petit déjeuner. Geneviève est montée dans sa chambre.
– Salut, il paraît que ça ne va pas aujourd'hui?
– Non, pas trop, je ne me sens pas dans mon assiette.
Elle avait mauvaise mine. Les Girard ont tout de suite appelé le médecin de fa- 5
mille qui ne s'est pas fait attendre. Il a sonné à la porte de l'appartement. Geneviève l'a laissé entrer.
– Bonjour, docteur, veuillez entrer, s'il vous plaît.
Le docteur a pris le pouls à Annette et lui a fait tirer la langue.
– Ce n'est pas grave. Vous n'avez même pas de température. Mon diagnostic est 10
simple: une petite indigestion. (Aux Girard) Laissez-la se reposer, et pour tout repas faites-lui boire du bouillon.
– Pas d'ordonnance pour le pharmacien?
– Non, ça ira comme ça.

6. L'auto-stop

Voilà un jeune homme qui fait de l'auto-stop. Il fait signe à un camion. Le conducteur (= le chauffeur) du poids lourd l'aperçoit et s'arrête.

AUTO-STOPPEUR: Pardon, Monsieur, vous allez en direction de Valence? Pourriez-vous me prendre?

CONDUCTEUR: Oui, c'est mon chemin. Allez, montez, je vous prends. 5
Placez votre sac tyrolien sur cette planche.

AUTO-STOPPEUR: Ça y est, merci.

CONDUCTEUR: Ça, c'est l'autre conducteur. Il dort. Nous sommes deux, vous comprenez ...

AUTO-STOPPEUR: Oui, bien sûr, ce métier est très dur. 10

CONDUCTEUR: L'auto-stop est quelquefois dangereux, surtout la nuit.
En général (d'habitude), nous ne prenons personne, le soir. –
Vous êtes déjà allé à Valence?

AUTO-STOPPEUR: Non, je n'y suis jamais allé.

15 CONDUCTEUR: Où allez-vous passer la nuit?

AUTO-STOPPEUR: A l'auberge de jeunesse.

CONDUCTEUR: Dans ce cas, on va vous y laisser, parce qu'on passe juste devant.

AUTO-STOPPEUR: Oh, merci beaucoup. C'est très gentil de votre part.

Inventez la suite du dialogue. De quoi vont-ils parler?

20 Voilà quelques sujets:

– D'où venez-vous?

– Où allez-vous?

– Quel est votre métier?

– Parlez un peu de votre région, de votre pays.

25 – Quelle est votre voiture préférée?

– Y a-t-il beaucoup d'auto-stoppeurs en cette saison-ci?

– Y a-t-il une aventure dangereuse qui vous est arrivée dans votre camion?

– Le temps qu'il fait.

– Combien gagne un ouvrier de l'heure?

30 – La vie coûte cher? La nourriture? Le logement? Les appareils ménagers?

– Que pensez-vous de votre gouvernement? Il y a des grèves?

– Vous vous intéressez à la technique? Vous êtes bricoleur? Quels sont vos loisirs préférés?

Pour rire un peu

– Bonjour, Madame, comment allez-vous?

– Très bien, merci, et vous-même?

– Merci, je vais très bien. Malheureusement, il y a longtemps que je n'ai plus vu mon fils.

5 – Ah, tiens? Il est monté à Paris, n'est-ce pas?

– Oui, il veut devenir médecin.

– Ah, et comment vont les études?

– Très bien; il fait de grands progrès: il peut déjà soigner les enfants!

C'est plus sûr!

1. La météo

Nicolas et ses amis ont envie de passer le dimanche à la campagne.

MAURICE: Il faudrait profiter du beau temps. Aujourd'hui …

PHILIPPE: Mais croyez-vous vraiment qu'il fasse beau demain? Nous ne sommes
qu'au mois de mars. Il fait un temps de demi-saison. Ça ne va pas
durer comme ça.   5

NICOLAS: Le mieux est d'écouter la météo. Maurice, allume la radio, s'il te plaît.

MAURICE: Pour France-Inter, il est déjà trop tard.

NICOLAS: Alors, mets Europe N⁰ I.

SPEAKER: Voici notre bulletin météorologique pour le week-end.
Temps froid pour la saison. La température, de 0⁰ le matin sur les ré- 10
gions de l'Est, ne dépassera pas cet après-midi 7⁰ à Dunkerque, 9 à
Epinal, 10 à Rouen, 11 à Paris, 14 à Clermont-Ferrand, 16 à Limoges,
19 à Bordeaux et 20 à Toulouse.
Dans l'Est, après quelques gelées au lever du jour, le ciel se couvrira
de nuages sur la Lorraine et les Ardennes tout en donnant de grosses 15
pluies. Quelques nuages aussi par moments sur l'Alsace et la Champagne, danger d'averses.
Sur le Bassin parisien, la matinée sera froide, mais le temps sera assez
beau, sauf quelques nuages vers le milieu de la journée.
Dans le Nord, ciel nuageux dans la matinée, faibles pluies du côté de 20
la frontière belge. Le soleil reviendra dans l'après-midi. Il fera plus
froid la nuit prochaine, avec formation de brouillard et plaques de
verglas. Les automobilistes sont donc invités à faire très attention.
Région de l'Ouest et Val de Loire: après dispersion des brouillards
matinaux, matin froid, journée ensoleillée, temps doux l'après-midi 25
mais vents assez forts sur la côte Atlantique. Dans le Sud-Ouest, la
journée sera belle, le soleil brillera partout, mais le ciel tendra à être
nuageux du côté des Pyrénées.
Région du Centre, Auvergne, Vallée du Rhône: très beau temps, mais
encore un peu trop frais.   30
Sur les Alpes, assez beau, sauf quelques gros nuages dans l'après-midi.
Attention: il y aura peut-être de la neige au-dessus de 2000 mètres.
Région méditerranéenne: très beau temps, mais devenant nuageux
vers le soir sur le Roussillon, le Narbonnais et même la Côte d'Azur et
la Corse.   35
Merci de votre attention.»

MAURICE: Eh bien, ils ne sont pas très optimistes!

NICOLAS: Si tu n'es pas content, tu peux toujours essayer sur Radio Luxem-
bourg. Ils annonceront peut-être des températures plus agréables!

Max l'explorateur

1. Les mots nécessaires

l'explorateur(m): homme qui voyage dans des pays peu connus.

le temple: sorte d'église où les Anciens servaient leurs dieux, à Rome ou en Grèce.

antique: très ancien.

la pioche: outil qui sert à creuser la terre.

buter sur quelque chose: heurter quelque chose du pied.

lâcher: laisser, ne plus tenir.

un avion à réaction: avion très rapide.

franchir le mur du son: voler plus vite que le son.

le son: toute sorte de bruit.

entier, ère: pas cassé, pas en morceaux.

2. Regardez et racontez

1ère image: Max creuse un trou dans le sol avec une pioche. Son visage montre que ce travail est très dur. On voit que Max se trouve dans un pays ancien (temple grec ou romain).

2ème image: Max a trouvé un beau vase antique. Il est très content.

3ème image: Le vase dans la main, il saute pour bien faire voir qu'il est très heureux.

4ème image: Malheureusement, il n'a pas vu une grosse pierre. Il lâche son vase en butant sur la pierre.

5ème image: Max tombe, mais avec son pied, il réussit à attraper le vase avant que celui-ci ne se casse.

6ème image: Maintenant, il marche en faisant très attention.

7ème image: Il lève les yeux au ciel. On dirait qu'il a peur. Nous ne savons pas pourquoi.

8ème image: C'est un avion à réaction qui passe le mur du son (comme le montrent les deux «bang»).

9ème image: Max a eu chaud, mais son vase est encore entier.

10ème image: Max arrive enfin au musée. Le directeur sort en courant, l'air tout content.

11ème image: Le directeur du musée serre la main de Max, qui lâche alors le vase. Celui-ci tombe et se casse en mille morceaux. Toute cette peine a été pour rien!

MAX l'explorateur

BARA

A la façon de Proust:
le temps retrouvé et perdu.

Tintin, N° 18 / 1972 © Editions du Lombard, Bruxelles

Cubitus

I. Les mots nécessaires

Le side-car [sajdkar] ou [sidkar]: sorte de moto.

donner un coup de frein: freiner.

la boîte aux ordures: boîte où on jette les choses sales et les vieux objets dont on n'a plus besoin.

la poubelle: boîte aux ordures.

Ventenpoupe: jeu de mots, pour «vent en poupe». Dans la langue des bateaux, on disait qu'on avait le vent en poupe, quand le vent poussait le bateau par l'arrière (la poupe: l'arrière du bateau).

avoir le vent en poupe: avoir de la chance, réussir.

faussé, e: une roue faussée ne tourne pas rond.

le gars: l'homme, le garçon.

la ferraille: vieux objets en fer dont on ne se sert plus, chose en fer sans valeur.

le rebut: chose sans valeur.

mettre au rebut: jeter quelque chose dont on ne veut plus.

un éboueur: ouvrier qui ramasse les ordures.

II. Regardez et racontez

1ère image: Un vieux monsieur arrive en side-car avec son chien. Il freine très fort (on entend le bruit des freins). Le chien n'a pas l'air très content. Ils s'arrêtent devant l'entrée d'une maison. Le side-car est vieux et n'a pas l'air en bon état.

2ème image: Nos amis ont laissé le side-car à côté de deux boîtes aux ordures. Un jeune homme arrive. Il croit que le side-car a été jeté aux ordures. Justement il a besoin de trois roues, parce que les siennes sont faussées. Il a la même moto.

3ème image: Nos amis reviennent et voient que les trois roues manquent. Ventenpoupe leur dit au revoir.

4ème image: Un autre vieux monsieur leur dit qu'il a vu celui qui a emporté les roues. Il leur dit où habite ce jeune homme. Nos amis y vont en courant.

5ème image: Pendant qu'ils vont chercher les roues, des éboueurs passent. Ils croient que le vieux side-car a été mis au rebut. Ils le prennent.

6ème image: Le side-car n'est plus là. Le monsieur raconte ce qu'il a vu: les éboueurs ont pris la moto. Les deux autres messieurs ont l'air d'être très en colère. Au contraire, le chien (il s'appelle Cubitus) montre qu'il est très content, parce qu'il n'aime pas beaucoup aller en side-car.

Tintin, N° 47, 1972 © Editions du Lombard, Bruxelles

2. Un discours d'adieux

Monsieur le Maire,
Monsieur le Directeur,
Monsieur le Président de la Société Franco-Allemande,
Monsieur le Président de la l'Association France-Autriche,
5 Mesdames et Messieurs,
Chers amis,
Notre séjour en France touche maintenant à sa fin. Permettez-moi donc de prendre la parole au nom de mes camarades de stage.

Les trois semaines que nous avons passées parmi vous sont presque finies et le 10 temps nous a semblé passer beaucoup trop vite. Nous avons pu découvrir certains aspects de la «douce» France. Nous avons appris à connaître un peu mieux votre pays et votre langue. Nous avons vu comment les Français vivent, travaillent et s'amusent. Surtout, nous y avons retrouvé d'anciens amis et nous en avons rencontré de nouveaux.

15 A tous, à ceux qui ont organisé le stage, aux professeurs qui nous ont enseigné le français, aux amis qui nous ont accueillis dans leurs foyers, de tout cœur, un grand merci. Permettez-moi, pour finir, de lever mon verre et de porter un toast à l'amitié entre nos pays, entre tous les pays du monde.